中等职业教育汽车类专业教材

# 汽车美容技术
Qiche Meirong Jishu

常同珍　田兴政　**主　编**
汪幼方　吴佳俊　刘承柏　**副主编**
　　　　　　　　李远军　**主　审**

人民交通出版社股份有限公司
北京

## 内 容 提 要

本书为中等职业教育汽车类专业教材。全书分为7个项目，内容包括汽车美容与安全认知、汽车外部清洁护理、汽车室内清洁维护、发动机舱清洁维护、汽车漆面美容维护、汽车贴膜、汽车运营与加盟。

本书可作为中等职业院校汽车类专业教材，也可作为汽车车身维修人员自学参考书。

### 图书在版编目(CIP)数据

汽车美容技术/常同珍,田兴政主编.—北京：人民交通出版社股份有限公司,2023.9
ISBN 978-7-114-18869-5

Ⅰ.①汽… Ⅱ.①常…②田… Ⅲ.①汽车—车辆保养—高等职业教育—教材 Ⅳ.①U472

中国国家版本馆 CIP 数据核字(2023)第 119424 号

| | |
|---|---|
| 书　名： | 汽车美容技术 |
| 著 作 者： | 常同珍　田兴政 |
| 责任编辑： | 时　旭 |
| 责任校对： | 孙国靖　宋佳时 |
| 责任印制： | 张　凯 |
| 出版发行： | 人民交通出版社股份有限公司 |
| 地　　址： | (100011)北京市朝阳区安定门外外馆斜街3号 |
| 网　　址： | http://www.ccpcl.com.cn |
| 销售电话： | (010)59757973 |
| 总 经 销： | 人民交通出版社股份有限公司发行部 |
| 经　　销： | 各地新华书店 |
| 印　　刷： | 北京市密东印刷有限公司 |
| 开　　本： | 787×1092　1/16 |
| 印　　张： | 15.25 |
| 字　　数： | 261千 |
| 版　　次： | 2023年9月　第1版 |
| 印　　次： | 2023年9月　第1次印刷 |
| 书　　号： | ISBN 978-7-114-18869-5 |
| 定　　价： | 46.00元 |

(有印刷、装订质量问题的图书，由本公司负责调换)

# 前言

为贯彻落实《国家职业教育改革实施方案》《职业教育提质培优行动计划（2020—2023年）》精神，结合《教育部关于职业院校专业人才培养方案制订与实施工作的指导意见》（教职成〔2019〕13号）、《职业院校教材管理办法》等文件要求，深化职业教育教学改革，积极推进课程改革和教材建设，满足职业教育发展的新需求，人民交通出版社股份有限公司组织全国职业院校汽车相关专业的骨干教师及相关企业的专业人员，编写了本套中等职业教育汽车类专业教材。

《汽车美容技术》在组织编写过程中，认真总结了全国职业院校多年来的专业教学经验，注意吸收发达国家先进的职教理念和方法，形成了以下特色：

（1）内容上区分多个学习项目，每个项目涵盖一个或多个学习任务，并配备了二维码，通过扫码可进行操作流程视频学习。

（2）每个学习任务采用学习目标、任务描述、理论知识准备、任务实施、学习拓展、评价与反馈、技能考核标准的体例编写。

（3）结合全国交通运输行业"汽车维修工（职业组）职业技能大赛"赛项方案技术要求进行编写。

（4）汽车美容施工的实施标准参照知名企业的操作流程与规范。

（5）跟踪汽车美容新技术、新材料、新工艺，增加汽车漆面深度美容项目和汽车贴膜等内容。

全书内容新颖，图文并茂，深入浅出，理论联系实际，实用性强，适合作为中等职业院校汽车类专业教材；同时，本书也适合车主和汽车美容行业人士阅读。

本书由湖北交通职业技术学院常同珍、田兴政担任主编，武汉汉德宝汽车销售服务有限公司专家级技师汪幼方、湖北交通职业技术学院吴佳俊、荆州职业技术学院刘承柏担任副主编。田兴政负责编写项目一、项目四、项目七,常同珍负责编写项目五和全书的统稿工作,汪幼方负责编写项目三,吴佳俊负责编写项目二,刘承柏负责编写项目六。全书由湖北交通职业技术学院李远军担任主审。

　　本书在编写过程中参考了大量国内外公开发表出版的资料和文献,并引用了部分科学的操作方法和图表资料,在此向诸多作者和相关组织及企业表示最衷心的感谢,特别感谢上海车享家汽车科技服务有限公司武汉分公司的大力支持。

　　由于汽车美容涉及的知识面较广、操作性强,内容具有可变性和时效性的特点,加之编者水平有限,书中难免有不妥和错误之处,恳请读者和专家批评指正,以便在今后修订,日臻完善。

编　者

2023 年 4 月

# 目录

**项目一　汽车美容与安全认知** ····················· 1
　　学习任务 1　汽车美容行业发展认知 ················ 1
　　学习任务 2　汽车美容安全常识 ·················· 15
**项目二　汽车外部清洁护理** ······················ 32
　　学习任务 3　车身外部清洁维护 ·················· 32
　　学习任务 4　底盘装甲 ······················ 48
　　学习任务 5　车轮维护 ······················ 61
**项目三　汽车室内清洁维护** ······················ 73
　　学习任务 6　汽车内饰清洁维护 ·················· 73
　　学习任务 7　汽车室内空气净化 ·················· 88
**项目四　发动机舱清洁维护** ······················ 99
　　学习任务 8　发动机舱清洁与护理 ················· 99
**项目五　汽车漆面美容维护** ······················ 113
　　学习任务 9　汽车漆面认知 ···················· 113
　　学习任务 10　漆面打蜡抛光 ···················· 124
　　学习任务 11　漆面微损修复 ···················· 138
　　学习任务 12　漆面深度美容 ···················· 151
**项目六　汽车贴膜** ·························· 163
　　学习任务 13　车窗玻璃贴膜 ···················· 163
　　学习任务 14　车身贴膜 ······················ 185
**项目七　汽车运营与加盟** ······················· 199
　　学习任务 15　汽车美容店面运营管理 ················ 199
　　学习任务 16　汽车美容店面加盟连锁 ················ 213
**参考文献** ······························· 236

# 项目一　汽车美容与安全认知

## 学习任务1　汽车美容行业发展认知

**学习目标**

☆ **知识目标**

1. 了解汽车美容行业的产生与发展;
2. 了解汽车美容的概念,以及专业汽车美容与普通美容的区别;
3. 熟悉汽车美容的目的、作用及原则;
4. 了解汽车美容行业发展趋势及策略。

☆ **技能目标**

1. 能正确认识汽车美容行业的产生与发展历程;
2. 能认识专业汽车美容与普通美容的区别。

**建议课时**

2课时

**任务描述**

公安部公布的数据显示,截至2022年,全国机动车保有量达到4.17亿辆,其中汽车3.19亿辆。汽车保有量的增加使得大量的汽车露天栖息,饱受风吹、雨淋、日晒的无奈,致使汽车日渐老化,汽车的日常清洁护理和定期美容维护,必然成为车主的常规消费内容。而且,因交通繁忙拥挤,交通事故频发,直接导致汽车维修企业钣喷车间的业务量急剧上升。同时,汽车美容特别是漆面美容(如抛光等)需求剧增。市场上传统汽车美容企业仍存在很多痛点,较难满足业务量激增和客户对汽车美容品质的要求。目前虽然品牌连锁店的维修品质能得到一定的保证,但是美容周期长;其他洗车店虽然美容时间相对较短,但是维修品质很难保证,且对环境污染严重。基于客户对高品质快捷汽车美容服务的需求,以及对环境保护的责任,标准化、规范化的汽车美容行业作为一种新兴产业正在崛起,而且必将成为21世纪的黄金产业和朝阳产业。

本次学习任务就是了解汽车美容行业的产生与发展,汽车美容的概念,汽车美容的目的、作用及原则,汽车美容行业发展趋势及策略。

## 一、理论知识准备

### (一)汽车美容

汽车美容是针对汽车进行的美容、护理、装饰等作业的总称,主要包括汽车外部和内部的清洁、车身漆面的美容护理、汽车发动机的免拆清洗护理和汽车附属设备的加装及装饰等作业。

#### 1.汽车美容的含义

汽车美容是利用美容系列专业设备,采用不同性质的汽车美容护理产品及施工工艺,对汽车进行清洁、维护、美容和装饰,保持车辆清洁、美观、持久如新,保证车内环境健康舒适。

汽车美容在西方国家被称为"Car Beauty"或"Car Care",即"汽车美容"或"汽车养护",汽车美容护理使汽车焕然一新,长久保持艳丽的光彩。

汽车美容主要包括汽车车身外部清洁维护、汽车室内清洁维护、发动机清洁护理、汽车漆面美容维护、汽车贴膜等。

#### 2.专业汽车美容与普通洗车的差异

1)效果不同

普通洗车只是将车身上的泥土、灰尘等污物清理干净,实现车身洁净就可以了;而专业的汽车美容不但要做到车身洁净,更要突出漆面维护的理念。现代的汽车美容甚至已经涉及发动机内外维护、底盘维护、汽车电气系统维护等。通过专业的汽车美容养护可使汽车保持良好的性能,达到常用常新。

2)工作场所和环境不同

普通洗车在哪里都可以进行,甚至都没有固定的工作场所。马路边、停车场、居民区都是普通洗车的操作间,经常"打一枪换一个地方"。这样做的后果是污水横流、影响环境、妨碍交通、破坏城市形象。而专业的汽车美容店有干净整洁的操作间、合理规范的操作工艺,从接车到交车都有严格的程序,进行汽车美容的同时也是一种服务享受。

3)使用的材料和设备不同

普通洗车操作基本上没有什么清洗设备,清洗材料也是能省就省,用洗衣粉充当洗车液,用的水源也不符合要求,会对车辆造成损伤。专业的汽车美容有各种专业的美容设备和材料,对不同的车身材质使用专用维护用品进行全方位的美容护理,并且所有的维护用品都是安全环保的,不会对乘客、车辆和环境产生危害和污染,真正达到对车辆进行美容护理的目的。

4)对操作者的素质要求不同

普通洗车行业的从业人员素质普遍不高,几乎没有接受过任何汽车美容方面的专业培训,甚至对汽车方面的知识了解甚少。而专业汽车美容的从业者具备一定的专业知识、职业道德和素养,要经过严格正规的培训,要有良好的服务意识,要了解最新产品的性能和使用方法,还要热爱汽车美容行业,能为促进汽车美容行业健康发展作贡献。

可以这样说,普通的洗车操作不是在维护车辆漆面,而是在间接损坏车辆漆面。我国的专业汽车美容正逐渐得到广大车主的认可,专业的汽车美容店也正在遍地开花,汽车美容行业的发展方兴未艾,需要大量有专业知识和技能的从业人员。而实际情况是,专业的汽车美容技术人员数量明显不足,并且其技术水平也是参差不齐,人才的不足已经成为限制行业发展的瓶颈。

(二) 汽车美容的目的、作用

专业汽车美容技师要十分明确汽车美容的目的、作用,根据其依据和基本原则实现汽车美容的作用,达到汽车美容的目的。

1. 汽车美容的目的

汽车美容的目的是通过车表、内饰和漆面的美容对汽车进行全新维护,保持汽车清洁美观、持久如新,保持汽车的使用性能,延长汽车的使用寿命。汽车美容可阻止汽车的车身表面、底盘、内饰等受到以下多方面的侵害。

1)紫外线对汽车漆面的侵害

阳光中含有强烈的紫外线,汽车油漆经过长期的阳光照射,漆层内部的油分会逐渐损失,漆面日益变得干燥,经常会出现失光、异色斑点,甚至发生龟裂。

2)有害气体对漆面的侵害

随着全球大气污染的日益严重,大气中的有害气体(如二氧化硫、二氧化碳、二氧化氮等)含量也逐渐增加。汽车在高速行驶时,车体与空气摩擦使车身表面形成一层强烈的静电,由于静电的存在大大增加了车身与有害气体的附着作用,导致更多的有害气体黏附在车身上,从而造成侵害。

3）雨水、雪水对漆面、底盘的侵害

工业污染使雨水中二氧化硫、二氧化碳、盐分及其他物质的含量越来越多而形成酸雨,造成对漆面的持续侵害。

4）其他因素对车漆的损害

汽车在运行过程中也会受到外界的伤害,如车漆被硬物等划伤、擦伤,鸟粪等附于漆面而形成的侵蚀等。

对于以上种种原因造成的车体漆面伤害,如果不进行定期的汽车美容专业护理,长期积累,恶性循环,不仅影响汽车的美观,更重要的是会影响到汽车和人身安全。

2. 汽车美容的作用

汽车美容的主要作用是装饰汽车和保护汽车。

1）装饰汽车

随着人们消费水平的提高,对于一些中高档汽车来说,它已不仅仅是一种交通工具,更成为一种身份的象征。车主不仅要求汽车具有优良的性能,而且要求汽车具有漂亮的外观,并想方设法把汽车装饰得靓丽美观,这就对汽车的装饰性能提出了更高的要求。汽车的装饰性不仅取决于车型外观设计,而且取决于汽车表面色彩、光泽等因素。通过汽车美容作业,可以使汽车涂层平整、色彩鲜艳、色泽光亮,长久保持美丽的容颜。

2）保护汽车

汽车漆膜是指施涂于汽车车身等区域表面的保护层,它使漆面表面与空气、水分、日光以及外界腐蚀物质相隔离,起着保护物面、防止腐蚀的作用,从而延长金属等物体的使用寿命。汽车在使用过程中,由于风吹、日晒、雨淋等自然侵蚀以及环境污染的影响,涂膜会出现失光、变色、风化、起泡、龟裂、脱落等老化现象。另外,交通事故、机械撞击等也会造成涂膜损伤。一旦涂膜损坏,金属等物体便失去了保护的"外衣"。因此,注重汽车美容作业,维护好汽车表面涂膜是保护汽车金属等物面的前提。

(三) 汽车美容的依据与基本原则

1. 汽车美容的依据

汽车美容应根据车型、车况、使用环境及使用条件等因素,有针对性地、合理地安排美容作业的时机与项目。

1）因车型而异

由于实施汽车美容的项目、内容及使用的美容用品不同,其价位也不一样。对汽车进行美容不仅要考虑到效果,同时也要考虑费用问题。因此,不同档次的汽车所采取的美容作业及其使用的美容用品应有所不同。对于高档汽车应主要考虑美容效果,而对于一般汽车只需进行常规的美容作业就可以了。

2）因车况而异

应根据汽车漆膜及其他物面状况有针对性地进行汽车美容。车主或驾驶人应经常对汽车表面进行检查,发现异变现象要及时处理。车漆表面出现划痕尤其是较深的划痕时,若处理不及时,会导致金属锈蚀,从而大大增加处理难度。

3）因环境而异

汽车行驶的地域和道路不同,对汽车进行美容作业的时机和项目也不同。如汽车经常在污染较重的工业区使用,应缩短汽车清洗周期,经常检查漆面有无污染、色素沉积,并采取积极预防措施;如汽车在沿海地区使用,由于当地空气潮湿且含盐量较大,一旦漆面出现划痕应立即采取护理措施,否则极易造成内部金属锈蚀;如汽车在西北地区使用,由于当地风沙较大,漆面易失去光泽,应缩短抛光、打蜡的周期。

4）因季节而异

季节、气温和气候的变化,对汽车表面及内饰部件具有不同的影响。汽车在夏季使用时,由于高温,漆膜易老化;在冬季使用时,由于严寒,漆膜易冻裂。因此,在冬夏季节,应进行必要的预防护理作业。另外,冬夏两季车内经常使用空调,车窗紧闭,车内易出现异味,应定期进行杀菌和除臭作业。

2. 汽车美容的基本原则

1）预防与治理相结合的原则

汽车美容要以预防为主,即在汽车漆膜及其他物面出现损伤之前要进行必要的维护作业,预防损伤的发生。一旦出现损伤应及时进行治理,恢复至原来状态。因此,汽车美容应坚持预防与治理相结合的原则。

2）自助护理与专业护理相结合的原则

汽车美容有很多属于经常性的维护作业,如除尘、清洗、擦车、检查等,几乎天天都要进行。这些简单的护理作业,只要车主或驾驶人掌握了一定的汽车美容知识,完全可以自己完成。但定期到专业汽车美容场所进行美容也是必不可少的,因为还有很多美容项目是车主或驾驶人无法完成的,尤其是汽车漆面或内饰物面出现某些问题时必须进行专业护理。因此,车主或驾驶人的自助护理一定要与专业护理相结合,这样才能将汽车护理得更好。

3) 单项护理与全套护理相结合的原则

汽车美容作业的项目和内容很多,在作业中应根据汽车自身状况有针对性地选择美容项目和内容。进行某些单项护理就能解决问题的就不必进行全套护理,这样不仅是为了节省费用,同时对汽车本身也是有利的。例如,汽车漆膜的厚度是一定的,如果每次美容都进行全套护理,即每次都要研磨、抛光,这样漆膜厚度很快会变薄。当车漆被磨透时,就必须进行重新喷漆,这就得不偿失了。当然,在需要时对汽车进行全面护理也是必要的,关键是要根据不同情况具体对待。

4) 局部护理与全车护理相结合的原则

汽车漆膜局部出现损伤时,只需对局部进行处理即可;只有在汽车漆膜绝大部分出现损伤时,才选择进行全车漆膜处理。在实际美容作业时,应根据需要决定护理的面积:只需局部护理,就不要扩大到整块板;只需整块板护理,就不要扩大到全车。

(四) 汽车美容行业发展分析

随着我国汽车工业和交通运输业的迅速发展,以及汽车保有量的快速增加,汽车美容、改装等汽车消费观念正逐渐形成,汽车美容行业日益显露出其巨大的市场空间,成为 21 世纪最有潜力的黄金行业之一,并被称为汽车工业的"第二桶金"。据统计,在欧美一些发达国家中,汽车的销售利润仅占整个汽车业利润的 20% 左右,零部件供应的利润占 20%,而近 60% 的利润则来自汽车服务业。从我国国情来看,目前车主养车费用已达到或者超过汽车本身的价值。以一台 15 万元左右的中档汽车为例,在中等城市每月的养车费用为 1000 元左右,按照 15 年报废期计算,其养车费用将达到 18 万元。这就意味着,一笔巨大的费用将流入从事汽车服务业的商家。据专家预测,未来几年,我国汽车拥有量将以每年 20% 的速度递增,随之而来的巨大的汽车售后市场——汽车美容、维护、装饰、快修及大修等,将成为一个庞大的黄金产业。"万亿级市场规模、40% 利润率",这是我国汽车售后服务市场诱人图景中的两大亮点。

1. 汽车美容行业现状

目前,我国汽车售后服务业的发展现状与其巨大的发展前景之间存在较大的差距。与发达国家相比,我国汽车服务体系的发展程度还很低,主要表现为规模偏小、管理不到位、经营项目单一、配套设施和专业技术人才缺乏等。而在发达国家,汽车服务体系已相当成熟,主要体现在较大规模的连锁品牌、完善的销售服务网络、庞大的消费信贷等方面。我国汽车美容行业的特点可以概括为以下几点。

1) 汽车美容企业的数量多,但品牌少

据统计,在发达国家,汽车美容企业占汽车售后服务企业的80%。截至2021年底,我国从事汽车维护的企业达145.1万家。相关企业存量较多的省份依次为山东(15.8万家)、广东(12.7万家)、江苏(9.6万家)。目前,我国共有65.2万家汽车美容相关企业,2019年新增企业13.5万家,同比增长15.7%。2020年上半年相关企业注册量达到5.4万家,其中二季度为3.5万家,环比增长83.2%。从地区分布来看,山东省以6.4万家企业遥遥领先,广东、湖北分列第二、三名。注册资本在100万元以内的汽车美容相关企业是该行业的主力军,占据总量的72%,而注册资本在1000万元以上的则仅占总量的5%,知名连锁品牌企业也较少。

2) 从业人员专业素质低,操作技术处于低水平阶段

汽车美容行业要求从业人员掌握汽车底盘、车身和电气等方面的汽车专业知识,还需要具备车身金属钣金件、塑料、橡胶和玻璃的相关知识以及相关设备的原理及使用方法。但汽车美容企业的大多数从业人员仅具有初、高中文化程度,很多从业人员仅靠师傅的"传、帮、带",没有接受过正规的专业知识。从业人员素质低,制约了汽车美容行业的持续发展。

3) 美容用品中存在假冒伪劣产品

目前,有相当数量的汽车美容企业由于受到利益的驱使或者不能识别汽车美容维护用品的质量,存在使用假冒伪劣维护产品的现象,不能保证美容质量。

4) 品牌优势不强,服务满意度不高

国际上的著名美容品牌(如美光、3M、龟博士和尼尔森)已进入了我国市场,凭借其强大的品牌号召力和市场口碑,开始建立了连锁经营网络,拥有了较大的市场份额。而国内许多本土连锁经营品牌由于管理不到位,服务质量不尽如人意。由于消费者对汽车美容品牌了解和认知不够,难以辨别服务质量效果,使得市场上不少无正规培训、无专业品牌产品、无专业机械设备、无服务质量保证的"四无"劣质美容店挤入市场。据调查,高达78.2%的车主对汽车美容的服务质量不满意,从而影响了品牌的建立与维持,难以培育起顾客的

品牌认知度和忠诚度。

5）规模经济不明显，缺乏诚信和统一的服务标准

我国大部分汽车美容企业的特点是规模小，仅有单一的门店，管理水平低，造成经营不能持续，影响整个行业朝上规模、上档次的方向发展。据了解，按照约定俗成的行规，汽车美容行业的利润一般在50%左右，由于缺乏行业自律，个别不良商家的利润可以达到100%甚至更高。行业内没有统一的服务标准，服务质量参差不齐，造成规模小的美容企业不断地被市场淘汰，进一步影响行业向规模化发展。

2. 汽车美容行业发展前景

随着汽车消费的进一步大众化、家庭化，汽车逐渐成为人们时尚生活的一部分，同时"三分修七分养、以养代修"的理念也成为广大爱车人士的共识。人们不仅要求行得方便，更要行得漂亮。目前，我国60%以上的高档汽车车主有给汽车做外部美容维护的习惯，而30%以上的低档汽车车主也开始形成给汽车进行美容维护的观念，30%以上的公用高档汽车也定时进行外部美容和维护，50%以上的私家车车主愿意在掌握基本技术的情况下自己进行汽车美容和维护。不难看出，汽车美容行业在我国有着巨大的市场发展空间，这些数据显示出汽车美容行业具有巨大的市场发展空间和诱人的市场前景。我国汽车美容行业主要呈现以下特点。

1）高端汽车美容项目日益受到青睐

洗车、打蜡在很长一段时间内几乎就是我国汽车美容的代名词，然而这种状况近几年正随着人们养车意识的转变而悄然发生变化。特别是近几年，国内不少地区都出现了价位不菲但质量可靠的高端汽车美容项目，并且正在得到越来越多车主的认可。经过前几年概念炒作的泡沫时期，一些商家真正的产品、技术及服务等方面的优势开始沉淀下来，并且引领了一股新的时尚潮流。

2）日常初级汽车护理DIY趋势渐显

在国外，很多汽车美容维护项目都是由车主DIY（Do It Yourself，自己动手）完成的，这一点在日本就有明显的体现，其车主都有相当程度的汽车维护常识和技术，日常的一些简单护理完全可以轻松搞定，并且"自己动手、其乐无穷"的风气盛行。而在国内市场，虽然很早就有各类DIY汽车维护产品的引进，但由于受到传统消费观念的影响，自己动手的DIY方式一直不被大家所接受。2008年，随着一系列国际性事件的发生，这一状况得到了明显的改变：首先是全球瞩目的

奥运盛会在我国成功举办,不但引来了全世界的关注目光,同时也带来了大批绿色奥运专供产品,其中奥运用车的一些DIY产品成为赛后市场商家重点关注的对象,同时借此机会,广大终端车主的消费意识也开始发生悄然改变,自己动手的习惯在逐步养成;其次是尚未散去的金融危机,在经济环境不利的大背景下,越来越多的消费者开始捂紧自己的钱袋子,但车还是要使用、维护的,既然不去外面消费,就只能自己在家做力所能及的事情,因此,也可以说DIY的风行是借了金融危机的"机"。

3)行业洗牌加剧市场格局初定

每年的汽车用品行业展览会就是我国汽车用品市场的晴雨表,每年都有大批的新品牌、新产品通过它而被广大经销商所熟知,同时每年也会有一批老面孔淡出市场,离开人们的视线。在汽车美容市场最疯狂的概念炒作时期,品牌之多、从业人士之杂乱可以说是前所未见的。然而市场的发展必定还是有其自身规律的,经过多年的沉淀、整合,优胜劣汰,如今的汽车美容市场已经相对规范,剩下的品牌数量可能还不及当初最疯狂时的1/3,但都凭借自己的实力在市场上站稳了脚跟。在市场格局日趋稳定的同时,越来越多的商家开始把注意力放在了客户服务方面,使得整个行业的服务水准有了明显提升。

**3. 汽车美容行业发展趋势及策略**

汽车美容行业已成为21世纪最有潜力的黄金行业之一,它是一个在发达国家早已证明拥有巨大市场活力的行业,是方兴未艾的中国汽车售后业。

汽车美容行业是一个新兴产业,其产值的大小一方面受汽车拥有量的影响,另一方面也存在消费者认知的因素。根据相关行业和国外汽车美容行业的发展经验,一般情况下,一个国家的汽车美容行业要经历起步、成长、成熟三个发展阶段。在起步阶段,由于消费者生活水平不高、认知不足,同时在全部汽车拥有量中低档次汽车所占的比例较大,汽车美容虽然利润率较高,但总产值相对较低。在成长阶段,消费者的可支配收入大幅上升,开始注意到自己驾乘的汽车如同穿在身上的衣服一样,是个人身份、地位和文化品位的象征,因此,比较爱惜汽车的性能和外表,经常需要进行美容。同时在全部汽车拥有量中,乘用车比例上升、商用车比例逐年下降,而且高档汽车的比例不断增加,汽车美容需求与日俱增。

国务院发展研究中心的报告预测,我国消费者将以每年15%的增长速度购买汽车;而随着私家车保有量的稳步上升,将给汽车美容行业带来不可限量的发展空间。汽车消费市场潜力巨大,汽车业界普遍认为,到2025年,汽车美容市场预估将有2000亿~3000亿元的市场份额,在这种经济形势下,汽车美容面临着难得的机遇。只有把握好机遇,才能使整个行业的发展迅速进入良性循环,因此需要制订相应的发展策略。

1)选择正确的店面位置

选址是汽车装饰与美容行业生存的第一原则。根据经验,在汽车加油站、大型超市、酒店和中高档住宅小区等附近设立的汽车美容店占95%。因为加油站、大型超市、酒店等是驾驶人停车频率最高的地方,驾驶人很容易在办完事驶离上述地方时,顺便到附近的汽车美容店给汽车做一次维护。另外一种选址的原则是与4S店合作,形成汽车销售、修理与装饰美容一条龙服务,可以凭借4S店的品牌号召力接纳新车和维修汽车的装饰与美容业务。开店地址选择的优劣,已经成为衡量汽车美容行业风险的标准,选择好的开店地址,就为汽车美容业务开展的成功奠定了坚实的基础。

2)确定正确的经营方式

汽车美容应该朝"一站式服务"和"连锁经营"两个方向发展。一站式服务方式可以使汽车在较短的时间内得到全方位的护理,大量节省车主的等待时间;连锁经营方式则可以使汽车装饰与美容的经营者通过对维护用品的大规模批量采购来降低经营成本,同时可以使店面在地区内合理布局,方便顾客根据自己的行驶路线和时间选择相应的店面来完成对汽车的维护。不管选择"一站式服务"还是"连锁经营",对顾客实行会员制管理是吸引和稳定客户的有效方法。在店面内还可以进行汽车装饰美容以及汽车知识的讲座,在推广汽车文化的同时,提升企业的专业化形象,为顾客提供真诚的服务。

3)进行资源整合,扩大企业规模

汽车美容店开业是按照《汽车维修业开业条件 第2部分:汽车专项维修业户》(GB/T 16739.2—2014)中的规定来申请的,该条件对汽车美容业开店的要求并不高,准入的门槛很低,这样就造成了整个行业的低档化。随着人们对汽车美容行业期望值的提高,车主希望进入较高档次的汽车美容店进行汽车的相关护理,这就需要注入一定的资金来提高汽车美容店的档次。除了资本资源的有效利用之外,汽车美容企业可以与保险公司进行深度合作,以方便顾客购买车辆保险;汽车美容企业还需要在信息资源、人力资源、公共关系资源等方面下大力气进行整合,使企业在整个行业内具有核心竞争力,这样在竞争中就能立于不败之地。

4)开拓汽车美容的新资源

根据国外有关机构给出的报告,国外二手车交易相当火爆,每年的二手车交易量远超过新车交易量,美国、德国、瑞士、日本等国家二手车的销量分别是新车销量的3.5倍、2倍、2倍、1.4倍。即便是在经济危机的冲击下,二手车也保持了相当大的交易量。因此,汽车美容行业在针对新车售后进行装饰与美容的同时,也应该把注意力集中到占有相当交易量的二手车市场。通过对购买二手车的车主的消费行为分析可知,一般二手车买入者首先会对汽车进行清洗消毒,按照自己的审美需求进行二次装饰与美容,这就为汽车美容带来了新的商机,汽车美容业可以获得新的市场。在经济形势好的情况下,汽车美容可以与汽车销售业共同繁荣;当经济形势低迷的时候,汽车美容行业可以抓住二手车美容的市场,使其始终维持强大的生命力。

5)进行专业化服务

汽车美容的专业化服务应该包括三个方面:一是美容设备的专业化,二是从业人员的专业化,三是服务的专业化。汽车被誉为"世界第一商品",其使用周期长,但要使汽车具有正常的寿命,后期的维护就特别重要。随着人们消费能力的提高,所购买的汽车也越来越高档化,这就要求汽车美容行业购置专业化的设备。进行校企合作,吸收专业的人才,可以使汽车美容行业提高服务的技术水平。中国汽车流通协会汽车美容装饰及用品专业委员会制定了《汽车美容服务管理规范》,汽车美容行业应该抓住机遇,努力按照规范要求的服务标准来赢得市场。

## 二、任务实施

### 1. 准备工作

查询计算机、网络、技术手册、文献、工作手册等资料。

### 2. 技术要求与注意事项

(1)查阅文献和大数据信息,了解汽车美容行业现况及发展,以及最新的汽车美容技术工艺。

(2)归纳总结整理资料,制作PPT(PowerPoint,演示文稿),总结陈述。

(3)分为若干小组,团队分工协作完成项目调查研究。

### 3. 操作步骤

(1)准备好查询工具和资料。

(2)查阅汽车美容类的教材、参考书、文献、产品服务手册,了解汽车美容的主要服务项目和汽车美容原则,了解专业优质汽车美容与普通汽车美容的区别。

(3) 利用网络查询汽车美容行业网站，了解汽车美容行业的现状和发展趋势。

(4) 查询汽车美容企业网站，认知当前知名的汽车美容品牌企业，了解汽车美容服务内容和产品。

(5) 做好有效信息的记录。

(6) 整理信息，形成报告，并进行 PPT 汇报。

(7) 小组间交流学习方法和学习心得。

### 三、学习拓展

汽车美容行业产生于 20 世纪 30 年代，发展于 20 世纪 70 年代世界石油危机过后。20 世纪 80 年代，美国汽车维修市场开始萎缩，修理厂锐减 31.5 万家，而专业汽车美容维护中心却出现了爆炸性的增长，每年以 3 万余家的速度递增。目前，美国汽车美容维护店的比例占汽车保修行业的 80%。

我国汽车美容行业起步于 20 世纪 90 年代。最新统计表明，我国已成为世界第一大汽车消费国，汽车的款式、性能以及汽车的整洁程度，无一不体现出车主的性格、修养、生活观念以及个人喜好。许多人希望自己的爱车看起来干净漂亮，用起来风光舒适。因而，汽车的平时清洁护理和定期美容维护，必然成为人们的日常消费内容。

在发达国家和地区，汽车美容业已相当成熟，主要体现在具有较大规模的连锁品牌、完善的销售服务网络、庞大的消费信贷等方面。因此，面对与发达国家之间的差距和汽车美容行业存在的这些问题，我国正逐渐加大对它的关注、加强宏观管理、健全规章制度，以逐渐实现对汽车美容行业的规范化管理。

### 四、评价与反馈

1. 自我评价

(1) 通过对本学习任务的学习，你是否已经知道以下问题的答案：

① 汽车美容行业的产生与发展状况？

② 专业汽车美容与普通洗车的差异主要有哪些？

③汽车美容的目的、作用及原则是什么？

_____

_____。

(2)学习任务完成情况如何？

_____

_____。

(3)通过对本学习任务的学习，你认为自己的知识和能力还有哪些欠缺？

_____

_____。

     签名：_____  _____年___月___日

2. 小组评价

小组评价表见表1-1。

小组评价表             表1-1

| 序号 | 评价项目 | 评价情况 |
|---|---|---|
| 1 | 是否按照学习要求正确查阅资料 | |
| 2 | 是否在分组讨论过程中积极发言 | |
| 3 | 是否在分组讨论过程中记录笔记 | |
| 4 | 是否遵守学习场地的规章制度 | |
| 5 | 能否保持学习场地整洁 | |
| 6 | 小组团结协作分工情况 | |

  参与评价的同学签名：_____  _____年___月___日

3. 教师评价

_____

_____。

     签名：_____  _____年___月___日

### 五、技能考核标准

技能考核标准见表1-2。

技能考核标准表　　　　　　　　表 1-2

| 序号 | 项目 | 操作内容 | 规定分 | 评分标准 | 得分 |
|---|---|---|---|---|---|
| 1 | 安全7S态度 | 1. 能遵守网络信息安全法规；<br>2. 既有分工,又有团结协作；<br>3. 能遵守图书馆管理条例,勿大声喧哗,勿影响他人学习；<br>4. 工作结束时,能清洁整理好工作现场 | 15 | 未完成 1 项扣 4 分,扣分不得超过 15 分 | |
| 2 | 专业技能能力 | 1. 通过查阅参考文献,了解汽车美容行业现状与发展趋势；<br>2. 能列举出普通汽车美容与专业汽车美容的差别；<br>3. 能通过查阅产品手册熟悉汽车美容的作用；<br>4. 通过查询技术法规,熟悉汽车美容生产操作原则；<br>5. 能对信息进行整理归纳 | 50 | 未完成 1 项扣 10 分,扣分不得超过 50 分 | |
| 3 | 工具及设备的使用能力 | 1. 能正确使用计算机编辑文档；<br>2. 能快速查阅教材、参考书、文献、产品手册等纸质资料,获取有效信息；<br>3. 能正确使用网络查询有效资料 | 10 | 未完成 1 项扣 5 分,扣分不得超过 10 分 | |
| 4 | 资料及信息的查询能力 | 1. 能正确使用信息手段查询资料；<br>2. 能在规定时间内查询所需资料；<br>3. 能正确记录所查询资料章节页码；<br>4. 能正确记录所需信息的出处 | 10 | 未完成 1 项扣 5 分,扣分不得超过 10 分 | |
| 5 | 分析判断能力 | 1. 能正确判断汽车美容行业发展趋势；<br>2. 能列举出普通汽车美容的不足之处和改进措施；<br>3. 能预测未来新的汽车服务项目；<br>4. 能明确汽车美容学习内容和职业规划 | 10 | 未完成 1 项扣 4 分,扣分不得超过 10 分 | |

续上表

| 序号 | 项目 | 操作内容 | 规定分 | 评分标准 | 得分 |
|---|---|---|---|---|---|
| 6 | 记录及撰写能力 | 1. 字迹清晰、语句通顺；<br>2. 内容翔实、条例清晰；<br>3. 无错别字 | 5 | 未完成 1 项扣 2 分,扣分不得超过 5 分 | |
| | | 总分 | 100 | | |

## 学习任务 2　汽车美容安全常识

### 学习目标

☆ **知识目标**

1. 熟悉汽车美容行业的安全规范；
2. 熟悉汽车美容从业人员工作更佳的十大原则；
3. 熟悉汽车美容人员日常安全守则；
4. 熟悉汽车美容车间安全常识。

☆ **技能目标**

1. 能正确预防和处置汽车美容车间安全事故；
2. 能完成汽车美容车间常见设备工具的安全使用与维护；
3. 能遵守日常车间安全规定,按照安全管理条例整理工具、设备和工作现场。

2 课时

### 任务描述

大部分汽车美容工作是在美容车间内完成的,由于汽车的复杂性,在汽车美容中要使用很多工具、设备和机器。通常在美容车间内会有很多作业人员,加上复杂的工具、设备、机器和易燃、易爆的材料,使美容车间成为一个事故易发地,美容车间内的安全性已经成为汽车技术研究中极为重要的问题。严格遵守工作安全标准和规则,为安全工作提供了保障,工作场地的安全是每一个人的责任。

每一个车间都存在很多的事故隐患,事故的发生常常是由于作业粗心大意造成的;而有些事故的发生有可能是由于美容施工人员试图走捷径,不按照规范违章操作而导致的,对这些情况应当予以纠正和制止。汽车美容施工人员有责任确保在美容车间内没有危险情况,从而减少美容车间的事故发生,消除安全隐患。

本次学习任务就是对汽车美容安全认知、汽车美容从业人员工作的十大原则、汽车美容人员日常安全守则进行相关理论学习,结合汽车美容车间设备工具安全使用与维护,重点就车辆举升机的安全操作、空气压缩机的使用与维护、其他常用工具的使用与维护进行了任务实施。

## 一、理论知识准备

### (一)汽车美容安全

**1. 事故因素**

容易产生事故的因素有两类:一类是人为因素,由于不正确使用机器和工具,穿着不合适的衣物,或由于作业人员不小心造成的事故;另一类为自然因素,由于机器或工具出现故障,缺少完整的安全装置,或者工作环境不良造成的事故。

**2. 正确着装**

(1)工作服。为防止事故的发生,工作服必须结实、合身,以便于工作。为防止工作时损坏汽车,不要穿着有带子、扣子暴露的工作服。

(2)工作鞋。工作时要穿安全鞋,因为穿着凉鞋或运动鞋危险、易摔倒,并因此降低工作效率,还容易使穿戴者因为偶然掉落的物体而受到伤害。

(3)车间提升重物或搬运汽车零部件等物体时,建议戴上手套。对于普通的美容工作,戴手套并非一项必须的要求,可根据工作的性质来决定是否必须戴手套。

**3. 使用工具、设备安全**

使用工具、设备工作时,有如下预防措施来防止造成伤害。

(1)正确地使用电气、液压和气动设备,可避免造成严重的伤害。

(2)使用可能产生碎片、碎屑的工具前,要戴好护目镜。

(3)使用过砂光机和钻孔机一类的工具后,要清除其上的粉尘和碎片。

(4)操作旋转的工具或工作在一个有旋转运动的地方时,不要戴手套,手套可能被旋转的物体卷入,使手受伤。

(5)用升降机升起车辆时,初步提升到轮胎稍微离开地面为止。在完全升起之前,确认车辆牢固地支承在升降机上。升起后,千万不要试图摇晃车辆,因为这样可能导致车辆跌落,造成严重伤害。

**4. 工作场地安全**

在车间内始终使工作场地保持干净,保护自己和其他人免受伤害。

(1)不要把工具或零件留在自己或其他人有可能踩到或碰到的地方。应将其放置在工作架、工作台或工具车上,并养成"不落地"的好习惯。

(2)立即清理干净任何飞溅的燃油、机油或润滑脂等污染物,防止自己或他人滑倒。

(3)工作时不要采取不舒服的姿态。这不仅会影响工作效率,而且有可能会使自己跌倒和受到伤害。

(4)处理沉重的物体时要极度小心,要防止重物跌落到脚上而使自己受伤。如果试图举起一个太重的物体,腰部可能会受伤。

(5)从一个工作地点转移到另外一个工作地点时,一定要走指定的安全通道。

(6)不要在开关配电盘或电动机等附近使用可燃物,它们容易产生火花,造成火灾。

**5. 用电安全**

汽车美容车间里的电气设备通常用于举升、清洗、照明等。当使用这些电气设备时,常常可能出现严重的安全事故。电线磨损、设备上绝缘不良或线缆有缺陷都会造成触电,电击的严重程度与受害者被击电流的大小和电击时间有关。不正确地使用电气设备可能导致短路和火灾。因此,要学会正确使用电气设备,并认真做好以下防护措施。

(1)如果发现电气设备有任何异常,立即关掉开关,并联系管理员或店长。

(2)如果电路中发生短路或意外火灾,在进行灭火之前首先关掉电源总开关。

(3)向管理员或店长报告不正确的布线和电气设备安装。

(4)有任何熔断丝熔断都要向上级汇报,因为熔断丝熔断说明有某种电气设备故障。

千万不要尝试以下行为,因为它们非常危险。

（1）靠近断裂或摇晃的电线。

（2）用湿手接触任何电气设备。

（3）触摸标有"发生故障"的开关。

（4）拔下插头时拉电线（应当拉插头本身）。

（5）让电缆通过潮湿或浸有油的地方，通过炽热的表面或者尖角附近。

（6）在开关、配电盘或电机等物附近使用易燃物。

### （二）防火与防爆

为了保证美容车间安全工作，作业人员都必须知道安全设备的放置地点和使用方法。

#### 1. 火源控制

（1）加热使用的明火要严格控制，尽量采用蒸汽或其他载体加热，如果必须用明火加热时，应远离易燃、易爆物。

（2）维修用火的控制主要指焊接或切割用火的控制。卸装可燃物设备或在可燃、可爆区域用火时，应将周围工作物进行清理或清洗。

（3）其他明火控制。吸烟可引起火灾，因此，在美容车间、库房等场所须严格执行禁烟制度。

（4）其他火源控制指自燃发热物的控制。美容使用的油抹布、油棉纱等物品可自燃引起火灾，这些物质不能堆积过多，应装入金属桶、箱内，放置在安全地点并及时处理，所有照明灯必须符合防潮、防爆的要求。

#### 2. 可燃、可爆物质的控制

（1）按物质的物理化学性质采取措施。例如，空气能使其燃烧的物质，应隔绝空气；过热可引起燃烧的物质，要散热、通风。

（2）两种互相接触会引起爆炸、燃烧的物质，不能混存、不可接触，要分别放置。

#### 3. 预防火灾的措施

（1）如果火灾警报响起，所有人员应当配合扑灭火焰。要做到这一点，所有人员都应知道灭火器放在何处，应如何正确使用灭火器。

（2）除非在吸烟区，否则在汽车美容车间禁止吸烟。

#### 4. 在易燃易爆品附近应采取的措施

在易燃易爆品附近应采取如下措施。

（1）吸满汽油或机油的碎布有时有可能自燃，所以它们应当被放置到带盖的金属容器内。

（2）在机油存储地或可燃的零件清洗剂附近，不要使用明火。

（3）千万不要在处于充电状态的蓄电池附近使用明火或产生火花，因为它们将点燃爆炸性的气体。

（4）仅在必要时才能将燃油或清洗溶剂携带到美容车间，携带时还要使用能够密封的特制容器。

（5）不要将可燃性汽油或易燃物丢弃到车间阴沟或排水沟里，因为它们可能导致污水管系统产生火灾。始终将这些材料倒入一个排出罐或一个合适的容器内集中处理。

5. 险情报告

在险情讨论中，作业人员应互相交流他们在日常工作中经历的身边的险情，互相陈述身边的险情是如何发生的，目的是防止他人重蹈覆辙；要分析导致这些危险情况发生的因素，以及采取适当措施来创造一个更安全的工作环境。有一些险情，如脱开或将要脱开、撞上或将要撞上、夹住或将要夹住、卡住或将要卡住、跌倒或将要跌倒、提升工具断裂或将要断裂、爆炸或将要爆炸、被电击或将要被电击、起火或将要起火等，如果遇到这些情况之一，就必须采取如下措施。

（1）将情况汇报给管理员或店长。

（2）记录事情的发生经过。

（3）让每个人慎重对待这个问题。

（4）让每个人考虑应当采取的对策。

（5）记录以上的一切，并将清单放置在每个人都能够看得到的地方。

(三) 文明生产(7S 管理理念)

为了建立使顾客100%满意的质量保证体系，企业应改进业务流程，削减库存，遵守交期，强化成本竞争力，积累与提高生产力，提高新技术的推广速度，提高人才素养和环境安全及构筑企业文化基础等。目前，大部分汽车美容店也在推行7S 管理理念。7S 管理理念最开始是由丰田汽车公司率先提出的，它是保持车间环境，实现轻松、快捷和安全工作的关键点。7S 管理是整理(seiri)、整顿(seiton)、清扫(seiso)、清洁(seiketsu)、自律(shitsuke)、安全(safe)和节约(save)。

1. 整理(seiri)

此过程将确定某项目是否需要,不需要的项目应立即丢弃,以便有效利用空间。

(1)按照必要性,组织和利用所有的资源,不管它们是工具、零件或信息。

(2)在工作场地指定一处地方来放置所有不必要的物品。收集工作场地中不必要的东西,然后丢弃。

(3)小心存放物品很重要,同样,丢弃不必要的物品也很重要。

2. 整顿(seiton)

这是一个整顿工具和零件的过程,目的是方便使用。

(1)将很少使用的物品放在单独的地方。

(2)将偶尔使用的物品放在工作场地。

(3)将常用的物品放在身边。

3. 清扫(seiso)

这是一个使工作场地内所有物品保持干净的过程。永远使设备处于完全正常的状态,以便随时可以使用。要养成保持工作场地清洁的好习惯。

4. 清洁(seiketsu)

这是一个努力保持整理、整顿和清扫状态的过程,目的是防止任何可能问题的发生。这也是一个通过对各种物品进行分类,清除不必要的物品使工作场所保持干净的过程。

(1)有助于使工作环境保持清洁的因素:各种物品的颜色、形状、布局,以及照明、通风、陈列架、个人卫生。

(2)如果工作环境清新明亮,就能够给客户带来良好的气氛。

5. 自律(shitsuke)

这是一个包括广泛培训,使员工自豪地成为汽车从业人员的过程。

(1)自律形成文化基础,这是确保与社会协调一致的最起码的要求。

(2)自律是学习规章制度方面的培训。

6. 安全(safe)

消除隐患,排除险情,预防安全事故,保障员工人身安全。

7. 节约(save)

合理利用时间、空间、能源等资源,发挥其最大效能。

## (四)汽车美容从业人员工作更佳的十大原则

### 1. 职业化的形象

(1)干净的帽子。

(2)整齐、干净的工作服。

(3)干净的劳保鞋。

(4)不戴饰品和手表。

(5)口袋中要有干净的毛巾。

(6)必要时佩戴防尘口罩、棉纱手套等安全用品。

### 2. 爱护车辆

(1)驾驶或移动车辆时,使用坐垫罩、转向盘罩和脚垫纸。

(2)小心驾驶客户车辆。

(3)在客户车内不抽烟。

(4)切勿使用客户音响设备或车内电话。

(5)拿走留在车上的垃圾和零件箱。

### 3. 整洁有序

保持美容车间(地面、工具台、工作台、仪表、测试仪等)的整洁有序。

(1)拿开不必要的物件。

(2)保持零部件和材料整齐有序。

(3)打扫、清洗和擦净。

(4)汽车工位停正后方可作业。

### 4. 安全生产

(1)正确地使用工具和其他设备(汽车举升机、千斤顶、抛光机等)。

(2)小心着火,工作时切勿抽烟。

(3)切勿搬运太重的物件。

### 5. 计划和准备

(1)确认"施工项目"(客户进行汽车美容的项目)。

(2)确认客户的要求及店长的指示。

(3)若出现返工的情况,要特别注意沟通。

(4)如果除了规定的工作外还有其他工作,请报告给前台或店长,只有在得到许可后才能进行。

（5）为工作做好计划（工作程序和准备）。

（6）确认库存有所需的美容材料和耗材。

（7）根据汽车美容施工单工作，避免出错。

**6. 快速、可靠地工作**

（1）正确使用汽车美容工具，不可盲目使用替代工具。

（2）如果有事情不清楚，请询问前台接待或店面管理人员或店长。

（3）如果发现车辆还有不包括在美容条款内的其他地方需要美容，请向前台接待或店面管理人员或店长汇报。

（4）尽可能运用所学的技能开展工作。

**7. 按时完成**

（1）如果能按时完成该工作，请再检查一下。

（2）如果完成任务时间将推后（或者提前），或者需要做其他工作，请通知前台接待或店面管理人员或店长。

**8. 工作完成后要检查**

（1）确认美容施工项目已完成。

（2）确认已完成所有其他需要做的工作。

（3）确认车辆至少和刚接手时是同样清洁的。

（4）将驾驶座、转向盘和反光镜返回到最初位置。

（5）如果钟表收音机等存储数据参数被删除，请重新设置。

**9. 工位恢复**

（1）工具设备放回原位。

（2）现场7S整理。

**10. 后续工作**

（1）完成施工单和质检单。

（2）未列在施工单上的任何其他信息，必须通知前台接待或店面管理人员或店长。

（3）对于在工作中发现的任何异常情况，请告知前台接待或店面管理人员或店长。

## (五)汽车美容人员日常安全守则

(1)工具不使用时应保持干净,并放到正确的位置。

(2)各种设备和工具要及时检查和维护。

(3)手上应避免油污,以免工具滑脱。

(4)起动发动机的车辆应保证驻车制动正常。

(5)不要在美容车间内各工位闲逛。

(6)在车间内起动发动机要保持通风良好。

(7)在车间内穿戴、着装要合适,并穿戴必要的装备,如手套、护目镜、耳塞等。

(8)不要将压缩空气机对着人或设备。

(9)不要将尖锐的工具放到口袋里,以免扎伤自己或划伤车辆。

(10)常用通道上不要放工具、设备、车辆等。

(11)用正确的方法使用正确的工具。

(12)手、衣服、工具应远离旋转设备或部件。

(13)开车进出美容车间时要格外小心。

(14)在极度疲劳或消沉时不要工作,这种情况会降低注意力,有可能导致自身或他人受伤。

(15)如果不知道车间设备如何使用,应先向明白人请教,以得到正确、安全使用方法。

(16)用举升器或千斤顶升起车辆时,一定要按正确的规程操作。

(17)美容车间内不能见明火,禁止吸烟。

(18)应知道车间灭火器、医疗急救包、洗眼处的位置。

## 二、任务实施

### 1.准备工作

1)工位准备

要求工位无闲杂人等,无杂物,车辆通行顺畅,通风排水顺畅;检查水、电、气等是否正常供给。

2)安全防护

按规范穿戴好工作服、劳保鞋、手套等安全防护用品,做好个人安全防护。

## 2. 技术要求与注意事项

汽车进入车间后,记住如下安全预防措施。

(1) 在汽车上工作时,将制动装置置于驻车位置。

(2) 由于某些原因,需要在车下操作,则要使用安全支架。

(3) 为了防止严重烧伤,应避免接触散热器、排气管、尾管、三元催化转换器、消声器等灼热的金属部件。

(4) 发动机运转时,操作者要与转动部件特别是散热器的风扇传动带保持一定距离。

(5) 点火开关一定要经常处于断开位置,除非由于工作程序的需要。

(6) 在车间内移动汽车时,一定要查看四周并确认通道上没有任何物品。

(7) 对新能源汽车进行维修操作时,必须做好相关安全防护隔离工作,并且允许已经取得新能源汽车维修资质的人员才能对车辆进行相关操作工作。

## 3. 操作步骤

1) 车辆举升机的安全操作

在使用举升机之前,一定要先阅读说明书。参阅具体车辆的维修信息,找出推荐的车辆举升点位置。车辆举升点是为安全升起车辆设计的,举升机、举升垫和移动式千斤顶应准确放置在举升点位置。车辆的中心应靠近举升机的中心,以免车辆失衡落下。

慢慢升起举升机,车辆升高大约150mm时停止举升,晃动车辆,确认车辆在举升机上是平衡的。如果听到异响,则表明车辆可能没有正确支撑,应降下车辆并重新对正车辆和举升垫。

车辆完全举起后,将举升机的安全钩锁住,才能在车底作业,即使举升机液压系统失效了,安全钩也能保证举升机和车辆不会落下。

车辆在举升过程中和举升后,车内都不能有人。

2) 空气压缩机的使用与维护

空气压缩机是气动工具的动力来源,能将空气压力从普通大气压升到更高的压力。在汽车美容作业中,空气压缩机一般用于为泡沫清洗机加压或带动风动工具。空气压缩机是由压缩机、储气罐和电动机、气压自动调节装置、分水滤清器(也称油水分离器)等组成。

空气压缩机的维护非常重要,关系到压缩机的使用寿命、供气质量以及工作效率,因此,每一位使用空气压缩机的人员都应该重视维护。一般要对空气压缩机进行日维护、周维护和月维护,使空气压缩机时刻处于最佳工作状态。

(1)日维护方法如下:

①放掉储气罐、分水滤清器、气压调节器中的冷却液。

②检查曲轴箱的润滑油面的高度,确认是否在油尺标线之间。

③清洗或吹干净空气压缩机上的灰尘。

(2)周维护方法如下:

①拉开安全阀检查其性能是否良好,若不能正常工作应立即检修或更换。

②清洗空气滤清器,用防爆溶剂清洗毛毡、海绵等过滤材料,晾干后重新装好。

③清洗或吹干净汽缸、汽缸头、内冷器、电动机及其他易积灰尘或脏物的部位。添加或更换曲轴箱内的机油,一般空气压缩机每工作500h或两个月更换一次。

④调节压力开关的开机与关机设定点。

⑤检查空气压力表是否正常。

⑥检查V形带松紧状况,并予以调整。

⑦查看电动机转轴有无松动现象,并予以调整。

⑧查看空气压缩机的飞轮有无松动现象,并予以调整。

⑨检查所有阀芯或汽缸盖,不能有松动现象。

⑩检查空气压缩机附件、油箱及供气管是否有漏油、漏气现象。

⑪关闭储气罐排气阀,检查泵气时间是否正常。

⑫开机检查在运转中有无异常噪声。

⑬检查空气压缩机在全负荷运转中的升压是否正常。

⑭检查所有电器及开关是否正常。

⑮检查水冷式空气压缩机水源畅通状况。

3)其他常用工具的使用与维护

使用设备一定要严格按照使用说明书的要求操作,尤其是使用新设备前,一定要将它的性能了解透彻。设备的使用也是安全生产中很重要的一项内容,有很多工伤事故都是由违规操作设备造成的。

汽车美容护理中常用的辅助工具有吸尘器、蒸汽机、热风机、手电钻、甩干桶等。这些工具基本都是电动的,为了避免火灾、电击和人身伤害,必须遵守电动工具基本注意事项。在操作机器前,应先将使用说明书仔细看一遍,然后,对照说明书检查各种附件是否齐全,再按说明书中讲述的步骤和方法将设备各部分组装好。启动前,先核对电源的电压和频率,当确认无误后,即可接通电源使用。使用完毕要妥善保管工具,做好定期检查和维护。使用和维护工具时,需要注意以下事项。

(1)在进行检查和维护时,一定要拔下电源线插头,才能进行操作。

(2)电动工具应随时保持清洁,工具上的通风槽应保持畅通。工具上沾染的泥污等要及时清理,电线和插头要保持干燥和清洁,不能有外皮破损和折断现象。

(3)必须对电源线插头、开关、电刷、换向器、轴承等部位做定期检查,以免使用时发生故障。

(4)检查有无损坏部件。在继续使用电动工具前,应该详细检查各零部件以及防护装置有无损坏,以便判断其能否正常工作、是否具备原有的性能。检查转动部分的配件是否在正确位置、各零件有无异常、安装是否妥善以及其他足以给工作带来不良影响的情况。如果开关不能正常接通和切断,绝不可继续使用该电动工具,应尽快联系专业人员进行维修。

(5)电动工具——电刷的更换。当电刷下的火花很大或者电刷磨损到只剩下4mm左右的长度时,要及时更换整副电刷,并且要使用该工具的专用电刷。

## 三、学习拓展

1. 空气压缩机的种类

目前使用的空气压缩机根据机械运动的方式基本分为3种,即隔膜式、活塞式、螺杆式。大多数汽车美容行业使用活塞式空气压缩机。

(1)隔膜式空气压缩机每一个工作循环只能压缩极少量的空气,压力范围在0.2~0.3MPa之间,但上下运动速度极快,每分钟能超过500个冲程。

(2)往复活塞式空气压缩机在0.7~1.4MPa的压力范围内,能稳定压缩空气,压缩机的性能好,能很好地满足中等气量单位的使用需求。活塞式空气压缩机比膜片式空气压缩机更耐用,而且能提供更多的压缩空气。

(3)螺杆式空气压缩机通过两个凹凸不平转子的高速运动产生压力。此类型的空气压缩机风压风量恒定,且噪声较小,气量大。螺杆式空气压缩机的工作效率和可靠性很高,已在工业领域成为标准配置,在汽车维修行业也有逐步取代活塞式空气压缩机的趋势。

2. 空气压缩机的使用

1)空气压缩机的安装原则

(1)空气压缩机应尽可能安装在通风、清洁、干燥的地方。最好安放在室内,以利用清洁的空气源。

(2)空气压缩机进气口避免靠近有蒸气排放或潮湿的场所。

(3)墙和其他障碍物应距离空气压缩机30cm以上,有利于空气流动并有助于散热冷却。

(4)空气压缩机应水平放置,机脚下要垫放减振垫片,防止振动损伤机械。飞轮一边应靠墙,防止伤人。

(5)空气压缩机应尽可能放置在用气工作点附近,以减少管路压降。

2)空气压缩机的操作安全事项

(1)仔细阅读操作说明。通过仔细阅读厂家提供的用户操作手册,了解压缩机各部件的接头、各控制件,熟悉压缩机的工作情况。

(2)每次启动机器前应做必要的检查。工作前,应仔细检查管路及整套系统的外部状态,有问题时,禁止使用。

(3)使用合适的电源控制开关。使用接触不良的电源控制开关会导致电气部分损坏。单相空气压缩机必须使用接地良好的三头插座。

(4)开机、关机。大多数压缩机都能自动开机和关机。对设备进行维修时必须切断电源。此外,下班后或较长时间不使用压缩机时,亦应切断电源。

(5)手不要接触工作部件。高速转动的机件易伤及人体,压缩机工作时,应注意把手移开,不要穿宽松的衣服,以防止被高速转动的机件绞住。压缩机工作时温度非常高,千万不要去触摸机身。

(6)不要拆掉传动带的防护罩。对所有安全防护装置,应注意保持它们良好的工作状态。

(7)释放高压气时应小心操作。高速气流会吹起灰尘和其他异物,这一点必须引起注意。使用高压气时,应使用气压调节器降低气压,以满足不同气动工具的使用。

(8)避免输气管打结。注意不要让输气管、电源线和外接线打结,或者触及尖锐的物体、溢出的化学物质、机油以及潮湿的地面,不要让汽车车轮压伤电线及输气管。以上所有操作都会导致危险。

(9)卸掉储气罐的压力。移动输气管或更换气动工具时,应确保调压器仪表的读数值为零。释放高压气时不要过快,否则,会导致操作危险。

3)空气压缩机常见故障及排除方法

空气压缩机是以机械运动方式工作的,会产生自然磨损老化及因维护不周或使用不当产生的人为损坏。一旦产生故障,首先要查明故障原因,再采取有效措施排除。空气压缩机常见故障原因及排除方法见表2-1。

空气压缩机常见故障原因及排除方法　　　　　　　表 2-1

| 故障现象 | 故障原因 | 维修方法 |
| --- | --- | --- |
| 工作声音不正常 | 1. 组合阀未压紧；<br>2. 阀片及阀片弹簧坏；<br>3. 组合阀的螺钉未拧紧，掉进气缸中与活塞碰撞；<br>4. 活塞在上止点时，与组合阀下面的间隙太小，活塞与缸盖发生顶碰；<br>5. 连杆小头磨损太大，工作时在活塞槽内上下冲击；<br>6. 连杆轴瓦松，工作时产生冲击 | 1. 拧紧组合阀螺母；<br>2. 更换损坏零件；<br>3. 检查排除；<br>4. 调整活塞与组合阀的问题，更换活塞环；<br>5. 更换连杆小头；<br>6. 更换轴瓦 |
| 排气温度过高 | 1. 排气阀漏气或阀片小弹簧损坏；<br>2. 排气阀严重积炭；<br>3. 冷却液量不足，水套、中间冷却器内积垢堵塞；<br>4. 电动机转向不对 | 1. 修理与更换小弹簧；<br>2. 清洗；<br>3. 清除积垢，添加冷却液；<br>4. 检查线路，更换接反线头 |
| 排气量不足 | 1. 滤清器堵塞；<br>2. 气缸活塞或活塞环磨损，间隙过大；<br>3. 组合阀漏气；<br>4. 阀片弹簧坏或卡住；<br>5. 排气管路漏气；<br>6. 活塞在上止点时，活塞与组合阀下面的间隙过大 | 1. 清洗或更换；<br>2. 检查更换活塞；<br>3. 修理或更换；<br>4. 检查更换阀片弹簧；<br>5. 拧紧管接头；<br>6. 调控垫片 |
| 润滑油温度过高 | 1. 油量过少；<br>2. 活塞环咬住，气缸发生硬膜；<br>3. 连杆轴承咬住 | 1. 检查加油；<br>2. 更换活塞环；<br>3. 检查更换轴承 |
| 功率消耗增大 | 1. 活塞、活塞环与气缸咬住；<br>2. 连杆衬套、轴承、曲轴轴承烧坏；<br>3. 吸、排气道不畅，阻力增大产生能量损耗 | 1. 更换配件；<br>2. 疏通吸、排气道 |

## 四、评价与反馈

1. 自我评价

(1) 通过对本学习任务的学习,你是否已经知道以下问题的答案:

① 汽车美容行业的安全因素有哪些?

_____

_____。

② 汽车美容从业人员工作更佳的十大原则是什么?

_____

_____。

③ 汽车美容人员日常安全守则是什么?

_____

_____。

(2) 学习任务完成情况如何?

_____

_____。

(3) 通过对本学习任务的学习,你认为自己的知识和能力还有哪些欠缺?

_____

_____。

签名:_____  _____年___月___日

2. 小组评价

小组评价表见表2-2。

小组评价表　　　　　　　　　　　表2-2

| 序号 | 评价项目 | 评价情况 |
| --- | --- | --- |
| 1 | 是否按照学习要求完成课前预习 | |
| 2 | 是否在分组讨论过程中积极发言 | |
| 3 | 是否在分组讨论过程中记录笔记 | |
| 4 | 是否遵守车间场地和设备工具安全使用的规章制度 | |

续上表

| 序号 | 评价项目 | 评价情况 |
|---|---|---|
| 5 | 能否保持学习和车间场地整洁 | |
| 6 | 小组团结协作分工情况 | |

参与评价的同学签名：_____　　_____年____月____日

3．教师评价

_____

_____。

签名：_____　　_____年____月____日

## 五、技能考核标准

技能考核标准见表2-3。

技能考核标准表　　　　　　　　　　　　表2-3

| 序号 | 项目 | 操作内容 | 规定分 | 评分标准 | 得分 |
|---|---|---|---|---|---|
| 1 | 安全7S态度 | 1. 能进行工位7S操作；<br>2. 能进行设备和工具安全检查；<br>3. 能进行车辆安全防护操作；<br>4. 能进行工具清洁、校准、存放操作；<br>5. 能进行"三不落地"操作 | 15 | 未完成1项扣3分，扣分不得超过15分 | |
| 2 | 专业技能能力 | 1. 能按照标准流程对举升机进行升降作业；<br>2. 能按照标准流程对空气压缩机进行日维护作业；<br>3. 能按照标准流程对空气压缩机进行周维护作业；<br>4. 能按照标准流程对空气压缩机进行月维护作业；<br>5. 能按照标准流程对其他汽车美容设备工具进行维护操作 | 50 | 未完成1项扣10分，扣分不得超过50分 | |

续上表

| 序号 | 项目 | 操作内容 | 规定分 | 评分标准 | 得分 |
|---|---|---|---|---|---|
| 3 | 工具及设备的使用能力 | 1. 能正确使用举升机；<br>2. 能正确使用空气压缩机；<br>3. 能正确使用其他汽车美容设备和工具 | 10 | 未完成1项扣5分，扣分不得超过10分 | |
| 4 | 资料及信息的查询能力 | 1. 能正确使用设备工具维护手册查询资料；<br>2. 能在规定时间内查询所需资料；<br>3. 能正确记录所查询资料章节页码；<br>4. 能正确记录所需维修信息 | 10 | 未完成1项扣3分，扣分不得超过10分 | |
| 5 | 分析判断能力 | 1. 能正确判断举升机举升锁止安全；<br>2. 能正确判断空气压缩机是否需要进行维护；<br>3. 能正确判断哪些工具设备处于安全工作状态，正确选择工具和清洁方法 | 10 | 未完成1项扣5分，扣分不得超过10分 | |
| 6 | 记录及撰写能力 | 1. 字迹清晰；<br>2. 语句通顺；<br>3. 无错别字 | 5 | 未完成1项扣2分，扣分不得超过5分 | |
| | 总分 | | 100 | | |

# 项目二　汽车外部清洁护理

## 学习任务3　车身外部清洁维护

☆ 知识目标

1. 掌握全车外部清洁的工艺流程和操作要领；
2. 掌握洗车机等设备工具的工作原理及操作要领；
3. 熟悉汽车车身外部清洁设备工具的操作要领；
4. 熟悉车身部件擦拭工具材料的选用常识。

☆ 技能目标

1. 能够正确引导车辆进入工位；
2. 能熟练使用洗车机等工具和设备，按照标准流程进行全车外部清洁作业；
3. 能按照标准流程对冲水车均匀喷洒香波洗车液，并按照标准流程对车辆进行全车擦拭作业；
4. 能按照标准流程对车辆进行二次冲水作业，并进行车身擦拭作业；
5. 能遵守日常车间安全规定，按照安全管理条例整理工具、设备和工作现场。

### 建议课时

8课时

汽车在使用和停放过程中，汽车车身外表面会附着粉尘、泥污、水渍、柏油、树叶、浆果、鸟粪以及其他会接触的酸、碱、盐等腐蚀性物质，应及时将这些污物清洁干净，否则，会对漆面造成腐蚀或损伤，并影响美观。

本次学习任务就是对车身表面进行彻底清洁，洗净污物和顽渍，不留死角。车身洁净光亮，无污渍，边缝无水渍。轮胎上光均匀，轮辋无油污、无泥渍。

## 项目二  汽车外部清洁护理

### 一、理论知识准备

为了延长汽车的使用寿命,保持汽车清洁靓丽,就必须及时对汽车进行清洁护理。汽车外部清洁,就是平时所说的洗车,通过清洁冲洗,去除汽车表面泥沙、灰尘及其他一些附着物,使汽车保持车体整洁、美观。

#### (一)汽车外部清洁的分类

**1. 按照使用工具设备分类**

汽车外部清洁又分为人工洗车、机器洗车、计算机洗车和无水洗车。

(1)人工洗车——全部工序都由人工完成,不使用任何设备工具即可完成的简单过程。

(2)机器洗车——进行清洗的过程中,运用专用设备和药剂进行快速清理。

(3)计算机洗车——全部工序都由全自动专用设备对车辆进行清洗,最后由人工辅助完成角落遗留水分的去处。

(4)无水洗车——专用的无水洗车药剂来清洗不是很脏的车辆。

**2. 按照清洁的目的分类**

(1)脱蜡清洗——用于除掉漆膜表面原有车蜡的清洗作业。

(2)不脱蜡清洗——采用清水和不脱蜡的清洗剂对车辆表面进行清洗。

(3)开蜡清洗——在出厂前为了保护车辆在运输工程中不受到剐蹭和腐蚀,会在汽车表面封上一层运输蜡,去除运输蜡的清洗称为开蜡清洗。

#### (二)设备工具的选用

**1. 泡沫清洗系列设备**

泡沫清洗系列设备主要由压缩空气供给系统和泡沫清洗机组成。

1)压缩空气供给系统

压缩空气供给系统(图3-1)用于提供充足的达到预定压力值的压缩空气,供给各种气动工具和设备。该系统一般由空气压缩机、油水分离器及其他部件组成。

空气压缩机的操作规程如下:

(1)开动空气压缩机前,需检查润滑油液面位置是否在正常位置(MAX 和 MIN 线之间),然后用手转动皮带轮,看空气压缩机转动有无障碍。如一切正常,即可接通电源启动设备,并使空气压缩机的旋转方向与箭头所示方向相同。

(2)若空运转半小时无故障,即可升高压力到额定值。在全负荷运转中检查机器是否正常,如有升温(最高可达180℃)、漏气、漏油及压力变动,可检验安全及压力调节阀。一切正常后即可正常使用。

2)泡沫清洗机

泡沫清洗机(图3-2)由液罐、加液阀、排气阀、压缩空气接头、泡沫喷射接头、软管及喷枪、气压表、液面显示管等组成。它利用压缩空气把清洗剂溶液变成喷射洗车泡沫,避免微细砂砾损伤汽车漆面。

图3-1 压缩空气供给系统

图3-2 泡沫清洗机

泡沫清洗机的操作规程如下:

(1)使用前检查各个管道接口密封是否良好、不漏气、便于使用。

(2)溶剂加入量不要超过容量的4/5,加入过多会加重机器的工作负荷,使水与洗车液不能很好地融为一体。

(3)如不连续使用,应将进气阀关掉,避免重复多次充气、排气运作,减少部件磨损。

(4)每次充满气后,关闭阀门,等气排放完后再打开阀门充气。

(5)冬天洗车液容易凝固,可适当加入热水进行溶解。

(6)加入机内的水一定要干净,避免脏物进入造成堵塞。

(7)机内要定期放水(每周进行一次),避免残渣积累过多。

## 2.移动式外部高压清洗机

移动式外部高压清洗机(图3-3)主要由电动机、柱塞式水泵、管路、喷枪等组成。电动机直接驱动柱塞式水泵旋转,使水产生高压,高压水经水泵出水口、胶管、喷枪喷出。喷嘴可根据清洗需要调节水流形状。柱状水流冲击力强,可以去除汽车车身上的干涸泥土;雾状水流覆盖面积大,除污效率高,适用于清洗一般污垢。

高压清洗机的操作规程如下:

(1)洗车机的使用。

每天上班前要试机检查,发现异常要及时处理,确保清洗机正常运转。

①在启动洗车机前,必须将吸水滤网放入水中。严禁无水时打开洗车机空转运行。吸水管口应用纱布或滤网包好,防止砂砾进入,磨损机内部件。

图3-3　移动式外部高压清洗机

②启动后继续运转3~5min,然后再加压。根据清洗作业情况,调节喷枪工作状态。

③为避免人身伤害事故,设备起动前,应紧握喷枪,枪口不能对着人。

④清洗机使用完后,应立刻关闭开关,不要让其空转,以免损伤机内部件。

(2)维护要求。

①检查油位,并注入足够的润滑油,以使润滑油油位始终保持在油位线以上。

②水泵曲轴箱内的润滑油每运转200h后需更换一次。曲轴箱内如不慎混入了其他液体,应及时更换润滑油。

③整理好高压水管,避免打结或扭曲。不要使高压管拉过锐利物边缘或受到汽车碾压。

(3)设备长期存放的注意事项。

①长期存放时,应彻底清除水泵内的积水。

②将机器放在干燥处,切勿与带有腐蚀性的化学品接触,保持机体干净、干燥。

③夏天可选择浓度高的润滑油,冬天可选择浓度稀的润滑油,这样有利于机器的正常运转。

④清洗机在运转过程中要保持巡检。

3. 固定式外部清洗设备

常见的固定式汽车外部清洗设备(图3-4)有喷头式、滚刷式和多功能清洗设备三种。喷头式和滚刷式的基本组成大致相同,只是滚刷式在喷水的同时,滚刷可自动贴近汽车外表,刷和洗同步进行。多功能清洗设备采用自动控制,可进行清洗、护理等多项作业。

4. 汽车清洗车组合鼓

汽车清洗车组合鼓(图3-5)越来越受到汽车美容店的青睐,特别是高端汽车美容店和汽车美容工作室选用较多。该设备使用便捷、节约空间、清洗专业。

图3-4　固定式汽车外部清洗设备

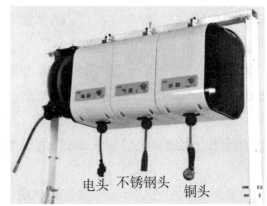

图3-5　汽车清洗车组合鼓

汽车清洗车组合鼓一般配有水鼓、气鼓和电鼓。水鼓连接自来水管,依靠自来水管的压力出水,与专用多功能水枪头连接使用,常用于发动机清洗、轮毂清洗、缝隙刷洗等部位。气鼓与空气压缩机配合使用,采用高压空气作为动力,通常与吹尘枪、喷沫枪、龙旋风清洗枪、气动打蜡机、气动抛光机、喷枪等工具连接,常用于汽车外观吹水、喷洒泥沙松动剂、喷洒泡沫、内饰清洗、油漆打蜡、划痕抛光、催化转换器喷涂等。电鼓与220V电源连接,自带两孔和三孔插座,为电动设备、工具提供便捷电源,常用于干湿吸尘器、电动抛光机、烤膜枪、臭氧消毒机、蒸汽消毒机、电动封釉机等设备使用。

(三)清洁清洗用品的选用

1. 常见的清洁用品

1)海绵

海绵(图3-6)具有柔软、弹性好、吸水性强和藏土藏尘能力较强等特点,有利于保护漆面及提高作业效率。清洗汽车时,能使砂砾或尘土很容易深藏于海绵的孔穴之中,这样可以避免因擦洗工具过硬或不能包容泥沙而给车身漆面造成划痕。使用前,让海绵吸入适量已经配好的洗车液,可用于清除车漆上附着力较强的污垢。

2)毛巾

毛巾(图3-7)是人工清洗和擦拭汽车不可缺少的工具。专业汽车美容场所需要配备多块毛巾,包括大毛巾、小毛巾、湿毛巾、半湿毛巾和干毛巾等。大毛巾主要用于车身表面的手工清洗和擦拭;小毛巾主要用于擦洗车身凹槽、门边及内饰部件等处的污垢;湿毛巾、半湿毛巾和干毛巾在清洗、擦拭车窗玻璃时配合使用。

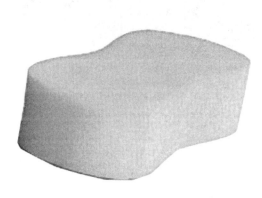

图3-6　海绵　　　　　　　　图3-7　毛巾

3)麂皮

麂皮(图3-8)在洗车作业中使用广泛,主要用于擦干车身表面。麂皮不仅质地柔软,有利于漆面的保护,而且具有良好的吸水能力,尤其对车身表面及玻璃水膜的清除效果极佳。但在洗车作业中,宜先用毛巾或浴巾对车身表面擦干后,再用麂皮进一步擦干,以延长麂皮的使用寿命。在选用麂皮时,尽可能选择较厚的麂皮,其皮质韧性好、耐磨性好的。

图3-8　麂皮

4)板刷

板刷(图3-9)主要用于轮胎、挡泥板、保险杠及车身裙部等处污垢的清除。由于上述部位污垢附着较厚,不易冲洗干净,所以要在洗车时有针对性地进行刷洗。板刷中以鬃毛板刷最佳,鬃毛板刷不但具有较好的韧性和耐磨性,还可以减轻刷洗作业对橡胶、塑料件产生的磨损。

5)洗车海绵熊掌

洗车海绵熊掌(图3-10)具有良好的吸附泥沙的作用,用于擦拭车身表面的污物,能避免擦洗对车身漆面的损伤。至少用两种颜色的多个海绵熊掌,车身腰线以下较脏,用颜色较深的海绵熊掌;腰线以上用浅颜色的海绵熊掌,以免混用。

图3-9 板刷

图3-10 洗车海绵熊掌

## 2.汽车清洗剂的选用

汽车清洗剂根据用途不同可分为以下三类:

(1)二合一清洗剂。所谓"二合一",即清洁、护理合二为一,既有清洗功能,又有上蜡功效,可以满足快速清洗兼打蜡的要求,是使用最广泛的一种高级表面清洗剂。

(2)香波清洗剂。香波清洗剂具有性质温和、不破坏原有蜡膜、不腐蚀漆面、泡沫丰富、使用成本低等特点。

(3)脱蜡清洗剂。脱蜡清洗剂含柔和性溶剂,具有较强的溶解能力,不仅可去除车身上的油脂、焦油、沥青、鸟粪、树汁、漆点等水不溶性污垢,而且能把以前的车蜡洗掉,故有些品种直接取名为开蜡水。脱蜡清洗剂主要适用于重新打蜡前的车身清洗。

图3-11～图3-14所示为常用的汽车外部清洗用品,其特点是具有超强的渗透清洗能力,能快速清除汽车油漆表面和轮胎表面的柏油、沥青、尘垢以及新染的漆点等顽固污渍,令车辆光洁如新。

## (四)汽车外部清洁的注意事项

(1)洗车时最好使用软水,尽量避免使用含矿物质较多的硬水。

图 3-11　柏油沥青清洗剂

图 3-12　万能泡沫清洗剂

图 3-13　浓缩洗车精

图 3-14　汽车外部清洗液

（2）应使用专业洗车液，严禁使用肥皂或洗洁精，因为这类用品碱性强，会导致漆面失光，局部产生色差，密封橡胶老化，还会加速局部漆面脱落部位的金属腐蚀。

（3）高压冲洗时，水压不宜太高，一般不高于7MPa，喷嘴与车身最好保持15cm以上的间距，以避免用高速水柱对漆面特别是修补过的漆面的冲刷，且先使用分散雾状水流清洗全车，浸润后再利用集中水流冲洗。对于可调压的清洗剂，冲洗底盘时，水压可高一些，以便能够冲掉底盘上的附着物。清洗车身时，可将水压调低些，如果清洗车身的水压和水流过大，污物颗粒会划伤漆层。另外，车门周边，最好控制水的喷出量，以免水滴渗入门内，造成生锈。

（4）清洗汽车油漆表面时，切莫使用刷子、粗布，以避免刮伤油漆面膜，留下痕迹。擦清洗剂时，应使用软毛巾或海绵，最好使用海绵并随时将海绵在清水中洗涤，以免其中裹有硬质颗粒划伤漆面。用海绵擦洗车身时动作要轻，且要小范围地擦洗。洗车时要将灰尘冲掉，不可一边冲水一边用海绵擦洗，否则，因为粗砂砾尚未被冲除，容易造成细小的刮痕。

（5）洗车各工序都应遵循从上到下的原则，即按照车顶、前后盖板、车身侧面、灯具、保险杠、车裙、车轮的顺序进行。

（6）不要在阳光直射下洗车。如果阳光直射，车身表面水分蒸发快，车身上的水滴干燥后会留下斑点，影响清洗效果。若发动机舱盖还有余热，应待冷却后再进行清洗，防止温差太大伤及漆层。

（7）不要在严寒中洗车，以防水滴在车身上结冰，造成漆层破裂。严寒季节洗车应在室内进行，车辆进入工位后，停留 5~10min，然后冲洗。

（8）用洗车液洗车后，冲洗一定要干净，不可马虎了事，否则，残留的洗车液将会渗入烤漆车表，造成污点。更严重的是灰尘等附着在车上，与水结合酸化之后造成生锈。因此，车身与边框的间隙、铁板与铁板的接合处、后视镜与车门的填封处等洗车液会渗入的地方，都要仔细冲洗。沉积在汽车零件接缝中的洗车液，应集中水压对着接缝喷洗将其除去。

（9）洗完车后，须用带有较长绒毛的毛巾抹干，长的绒毛能吸附住脏物，使其不擦伤漆面。抹干时，也应遵循由上到下的原则，不要太用力擦拭。同样，擦干水滴，也不要一次一大片地擦，要像海绵一样将水吸干较为理想，也可以用洗车麂皮吸干，洗车麂皮质地柔软，且具有超强吸水力，可迅速吸干水分。车身缝隙间的水滴可用纸插入吸干。同时，车身、行李舱、发动机舱盖，只要是能打开的部分都要打开擦洗，也不要遗漏了门边踏板。如果不仔细擦拭加油口周边，久了将会形成顽固的水垢，难以去除。留在边条与边条之间的水滴，可以利用摇动车身或近距离来回急驶来抖掉去除。

（10）发现车身附着灰尘或杂质，应及时清除，以免沾污漆面。烤漆上的凸起物只靠洗车是无法去除的，可用黏土消除。这种专为除去烤漆面凸起异物而开发的专用产品，使用方法简单，只要将黏土在湿的表面滑动就可以了，异物将会被粘入黏土中。要注意的是：黏土要先用喷雾器喷足水分之后再使用，若水分不足，反而会影响烤漆表面。清洗鸟粪，尤其是落在车身几天后已干的鸟粪可腐蚀车漆，单靠洗车液很难起作用，用毛巾去"刮"又极易"毁容"。对付此类附着物，先用水将其泡软，然后用专门的清洗剂再将其清洗掉。

## 二、任务实施

1. 准备工作

1）工位准备

要求工位无闲杂人等,无杂物,车辆通行顺畅,通风排水顺畅;检查水、电、气等是否正常供给。

2）安全防护

按规范穿戴好工作服、劳保鞋、手套等安全防护用品,做好个人安全防护。

3）工具设备材料准备

施工前应根据设备工具清单准备好所有工具设备和材料,清单见表3-1。

汽车外部清洁工具设备和材料清单　　　　　　　　　　表3-1

| 序号 | 设备名称 | 检查要求 | 检查频率 | 检查人员 |
| --- | --- | --- | --- | --- |
| 1 | 空气压缩机 | 环境通风,电源正常,机油正常处在红线标识上方 | 每日一次 | 小组轮查 |
| 2 | 空气压缩机储气罐 | 管道密封,通气阀打开 | 每日一次 | 小组轮查 |
| 3 | 高压清洗机 | 传动带正常,对应的水桶水量充足 | 每日一次 | 小组轮查 |
| 4 | 汽车清洗车组合鼓 | 管道伸缩是否顺畅 | 每日一次 | 小组轮查 |
| 5 | 工具车 | 每人一辆,施工时随身摆放,所有工具、材料不落地 | 每车一次 | 自查 |
| 6 | 储物盒 | 分别摆放干净的毛巾、干净的海绵、辅料和工具 | 每车一次 | 自查 |
| 7 | 毛巾 | 漆面一条、玻璃一条、内饰一条和底边门边等以下部位一条 | 每车一次 | 自查 |
| 8 | 海绵 | 涂抹简易镀膜海绵2块,底边海绵2块 | 每车一次 | 自查 |
| 9 | 轮胎刷 | 塑料板刷一只 | 每车一次 | 自查 |
| 10 | 轮毂刷 | 30cm长轮毂刷2个,刷洗轮毂顽固污渍 | 每车一次 | 自查 |

续上表

| 序号 | 设备名称 | 检查要求 | 检查频率 | 检查人员 |
|---|---|---|---|---|
| 11 | 多功能小毛刷 | 刷洗边缝,轮毂 | 每车一次 | 自查 |
| 12 | 各类清洗类产品 | 看里面液体剩余量,喷头是否畅通 | 每车一次 | 自查 |
| 13 | 发泡枪 | 看发泡枪里洗车液是否充足 | 每车一次 | 自查 |
| 14 | 洗车机水管 | 看洗车机水管是否在工位,以防车压 | 每车一次 | 自查 |

**2. 技术要求与注意事项**

尽管汽车清洗作业简单易操作,但必须按规范进行,以最大程度地提高工作效率。在洗车作业中应按照前文"(四)汽车外部清洁的注意事项"的要求进行。

**3. 操作步骤**

1)接车沟通

热情迎接客户,带领客户进入客户休息区休息。把车辆移入施工区,检查车身有无较新的划伤及异常情况并及时通报。检查完成后,将车辆钥匙交给前台。填写施工单流程,并让客户同意签字。

2)接车引导

根据手势,指引车辆至指定位置。

3)环车检查

如图3-15所示,帮客户打开车门,收集客户车辆信息。沿车辆车头开始,绕车辆一圈依次检测,到车头结束,如实记录。

检查内容包括:车辆漆面(漆面划痕、创伤、水泥、沥青、树胶等顽固污渍)、玻璃(破损、开裂)、轮胎轮毂(鼓包、变形、老化)、内饰(损伤、油量、进店公里数)、刮水器(老化)等。

4)车身冲洗

用高压水枪冲洗车身(图3-16),冲洗顺序为由上到下、顺时针冲洗。冲洗起点与洗车机的位置成对角线(确保绕车一圈完成冲洗)。冲洗时枪口方向朝车间内,禁止朝室外冲洗。冲洗重点为车身中下部、轮毂轮胎内衬、车身缝隙、流水槽。

车身外表面边缝的刷洗

5)泡沫清洁

如图3-17所示,喷洒泡沫的顺序为由上到下、顺时针,喷洒起点要与洗车起点相同并且喷洒均匀。用洗车海绵熊掌从前到后、从上往下，绕车一圈擦拭。最后用洗车海绵擦拭轮胎轮毂。如实际条件允许，可双人擦拭，标准以车身中线为准，按照顺序擦拭。

图 3-15　环车检查

图 3-16　车身冲洗

a)

b)

c)

图 3-17　泡沫清洁

喷洒泡沫

擦拭泡沫

玻璃深度清洁

车身冲洗

6）车身冲洗

使用高压水枪沿顺时针方向由上到下冲洗车身（图3-18），冲洗起点与洗车机的位置成对角线（确保绕车一圈完成冲洗）。冲洗时枪口方向朝车间内，禁止朝室外冲洗，需要将车身泡沫污渍冲洗彻底，重点冲洗车身缝隙、油箱盖、流水槽等。

7）车身擦水

如图 3-19 所示,用大毛巾从前到后擦拭平面大水;将大毛巾对折,从后到前擦拭立面大水。

双人车身擦水

图 3-18　车身冲洗

图 3-19　车身擦水

8）车身擦拭

如图 3-20 所示,用棕色毛巾对汽车玻璃进行擦拭;用蓝色小毛巾对车身漆面进行擦拭;用咖啡色毛巾对后视镜、门把手、油箱盖、车身字体、门槛板等区域擦净;进行门边擦拭,包括主驾驶室门、左后门、行李舱、右后门、右前门、发动机舱盖。

9）轮毂擦拭

如图 3-21 所示,使用咖啡色毛巾擦净轮辋,用毛刷擦拭轮胎。如需要轮胎上光,将轮胎上光剂均匀涂抹到轮胎上。

图 3-20　车身擦拭

图 3-21　轮毂擦拭

10)完工自检

用蓝色小毛巾,按照从前到后的顺序将车辆擦拭一遍,保证洗车漆面质量达到标准:无水渍、无污渍、无泥沙、无虫胶。

11)结算交车

接待人员陪同客户进行验收,与客户确认结算金额和支付方式,并完成工单结算。请客户签字确认,最后归还客户车钥匙,引导客户离店。

### 三、学习拓展

一般水洗能够清洁车身表面污垢,但是对于从事特殊作业的汽车,如救护车、消防车、警车、公交车、建筑用车、农用车等,由于其工作环境不确定,所涉及的人群复杂,会有不同的污垢和细菌附着在车身表面或车漆层里。对于这些车,除了清洗之外,还必须对它们进行消毒。最有效的方法莫过于蒸汽洗车。蒸汽洗车,需要专用的蒸汽洗车机,该机器内装有蒸汽发生器。通过加热,使蒸汽发生器里的水达到100℃的水蒸气,然后通过0.5~2MPa的压力使蒸汽产生一种流体,即蒸汽流。用喷枪喷出蒸汽流直接冲洗车身(图3-22)。

图3-22 汽车蒸汽洗车

蒸汽洗车可以让附着在车身上的油渍、沥青、橡胶等物质在水蒸气的高温作用下融化并自动脱落,避免了手工清除对车漆的伤害。此外,高温高压的蒸汽流能量也使得附着在车身漆层里的有害细菌被及时杀死,保障了车身的整洁卫生。

蒸汽洗车的优点很多,但是洗车时间不宜过长,否则,对车漆也有负面影响。

### 四、评价与反馈

1. 自我评价

(1)通过对本学习任务的学习,你是否已经知道以下问题的答案:

①常见的洗车方式有哪些?

②洗车的前提条件是什么?

_____

_____。

③汽车清洗的注意事项有哪些?

_____

_____。

(2)实训过程完成情况如何?

_____

_____。

(3)通过对本学习任务的学习,你认为自己的知识和技能还有哪些欠缺?

_____

_____。

签名:_____  _____年____月____日

2. 小组评价

小组评价表见表3-2。

小组评价表　　　　　　　　　　　　　　　　　表3-2

| 序号 | 评价项目 | 评价情况 |
|---|---|---|
| 1 | 着装是否符合要求 | |
| 2 | 能否合理规范地使用仪器和设备 | |
| 3 | 是否按照安全和规范的流程操作 | |
| 4 | 是否遵守学习、实训场地的规章制度 | |
| 5 | 能否保持学习、实训场地整洁 | |
| 6 | 团结协作情况 | |

参与评价的同学签名:_____  _____年____月____日

3. 教师评价

_____

_____。

签名:_____  _____年____月____日

## 五、技能考核标准

技能考核标准见表3-3。

技能考核标准表　　　　　　　　　表3-3

| 序号 | 项目 | 操作内容 | 规定分 | 评分标准 | 得分 |
|---|---|---|---|---|---|
| 1 | 安全7S态度 | 1. 能进行工位7S操作；<br>2. 能进行设备和工具安全检查；<br>3. 能进行车辆安全防护操作；<br>4. 能进行工具清洁、校准、存放操作；<br>5. 能进行"三不落地"操作 | 15 | 未完成1项扣3分,扣分不得超过15分 | |
| 2 | 专业技能能力 | 1. 能正确从上往下对车身冲水；<br>2. 能正确调配洗车液；<br>3. 能正确喷洒洗车液；<br>4. 能正确进行车身擦洗；<br>5. 能正确清洗车轮 | 50 | 未完成1项扣10分,扣分不得超过50分 | |
| 3 | 工具及设备的使用能力 | 1. 能正确使用水枪及空气压缩机；<br>2. 能正确选用清洗工具；<br>3. 能正确选用清洗剂和防护剂；<br>4. 能正确使用擦拭工具 | 12 | 未完成1项扣3分,扣分不得超过12分 | |
| 4 | 资料及信息的查询能力 | 1. 能正确使用维修手册查询资料；<br>2. 能在规定时间内查询所需资料；<br>3. 能正确记录所查询资料章节页码；<br>4. 能正确记录所需维修信息 | 8 | 未完成1项扣2分,扣分不得超过8分 | |
| 5 | 分析判断能力 | 1. 能判断车身漆面是否清洗干净；<br>2. 能判断车轮部位是否清洗干净；<br>3. 能判断底盘是否清洗干净 | 9 | 未完成1项扣3分,扣分不得超过9分 | |

续上表

| 序号 | 项目 | 操作内容 | 规定分 | 评分标准 | 得分 |
|---|---|---|---|---|---|
| 6 | 记录及撰写能力 | 1. 字迹清晰；<br>2. 语句通顺、条理清晰；<br>3. 无错别字 | 6 | 未完成1项扣2分，扣分不得超过6分 | |
| | | 总分 | 100 | | |

## 学习任务4　底盘装甲

☆ 知识目标

1. 掌握汽车底盘装甲护理的工艺流程和操作要领；
2. 掌握举升机等设备工具的使用方法及操作要领；
3. 分析底盘损伤的类型及成因；
4. 叙述底盘装甲的作用。

☆ 技能目标

1. 能正确引导车辆进入工位；
2. 能熟练使用举升机等工具和设备，按照标准流程进行汽车升降的操作；
3. 能按照标准流程对车辆底盘进行遮蔽保护操作；
4. 能正确使用底盘装甲专用喷枪，按照标准流程对车辆底盘进行装甲护理作业；
5. 能遵守日常车间安全规定，按照安全管理条例整理工具、设备和工作现场。

建议课时

4课时

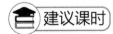

汽车底盘的工作环境是异常恶劣的，行车途中的泥水、砂石等会对底盘强烈冲击，细小的砂石像锋利的小刀一般切削底盘，形成划伤和斑点，严重时还会造

成底盘变形、漏油、尾气泄漏、转向受损、制动失灵等。另外,水分、酸雨、腐蚀物时刻都在侵蚀着底盘。

本次学习任务就是根据底盘防锈的技术要求,技师在汽车维修工位按照规范的底盘装甲操作工艺,在一定时间内,完成对底盘装甲施工的操作过程,以达到底盘防锈和降噪的目的。

## 一、理论知识准备

汽车底盘装甲的学名是汽车底盘防撞防锈隔音涂层,它是一种高科技的黏附性橡胶沥青涂层,具有无毒、高遮盖率、高附着性,可喷涂在车辆底盘、轮毂、油箱、汽车下围板、行李舱等暴露部位,快速干燥后形成一层牢固附着的弹性保护层,可防止飞石和砂砾的撞击,避免潮气、酸雨、盐分对车辆底盘金属的侵蚀,防止底盘生锈和锈蚀,保护驾驶人的行车安全。同时,弹性保护层能够减轻驾驶时的汽车噪声和轮胎的噪声,提高驾驶舒适度。

### (一)汽车底盘的损伤

俗话说"烂车先烂底",终年不见阳光,历经无数坎坷的汽车底盘,腐蚀和损坏的隐患是很大的。汽车底盘常见的损伤有碰撞损伤和锈蚀损伤。现在汽车的底盘都很低,在行驶过程中一些被飞溅起来的砂石不停地撞击底盘;在凹凸不平的路面行驶时,汽车底盘还有可能被拖底;雨雪天气车底盘易黏结泥块,受到雨水、雪粒的锈蚀;雪后道路上布满具有极强腐蚀性的融雪剂,更会对汽车底盘造成致命的摧残,大大缩短车辆的使用寿命。

1. 碰撞损伤(图4-1)

汽车底盘处于车身的最底部,离地面最近,受到碰撞、刮擦无法避免。碰撞轻微损坏金属会造成锈蚀,碰撞严重会损坏底盘零件,如刮坏油底壳、地板、副车架、稳定杆,撞坏纵梁、转向横拉杆、半轴等,会造成机油泄漏、车身变形、车辆跑偏等后果,直接影响到车辆的正常行驶。

2. 锈蚀损伤(图4-2)

(1)车辆长时间行驶附着油污,影响散热,还会腐蚀车体。

(2)因轻微意外或碎石碰撞而划破表面烤漆防护层,会造成锈蚀。

(3)冬季除了气候寒冷的因素外,一些北方城市播撒的融雪剂中的一些化学药剂对汽车底盘也会造成一定腐蚀。

(4) 雨天路湿，车辆下侧的空隙处特别容易积存污泥，导致生锈。

(5) 车体嵌板部分、凹处与其他部位聚积含水分的泥土与碎泥，会加速锈蚀。

(6) 潮湿的地毯使汽车内部无法完全干燥，造成地板锈蚀。

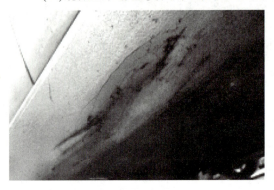

图 4-1　碰撞损伤

图 4-2　锈蚀损伤

## (二) 汽车底盘的作用

底盘装甲是一种将高附着性的聚氯乙烯树脂涂料分多次喷涂在汽车底盘上，形成约 4mm 厚的防护层，其效果如同给底盘披上了一件优质坚韧的盔甲，如图 4-3 所示。

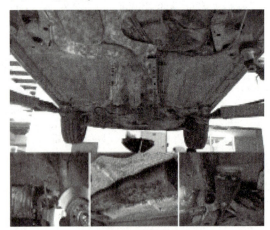

a) 底盘装甲之前

b) 底盘装甲之后

图 4-3　底盘装甲施工前后对比

汽车底盘装甲具有以下作用。

### 1. 防腐蚀

汽车的锈蚀均从底盘开始。汽车行驶一定的里程之后，汽车边梁就开始泛出锈斑的情况，每次洗车污水会残留在底部，长久下去就会形成潜在的腐蚀因素。对底部进行底盘装甲,可以防止酸雨、融雪剂、洗车碱水对底盘的侵蚀。

2. 防石击

当汽车行驶在路况不好的路面上时,路面上的砂石被振动飞溅后会不断撞击汽车底盘与轮毂等部位。底盘装甲可以保护汽车底盘原有的防锈漆和镀锌层,以防金属裸露在外并与空气中的潮气和酸雨等接触生锈,有效抵御锈渍迅速蔓延腐蚀汽车内壳机件。

3. 提高舒适度

由于底盘防撞防锈采用具有弹性的材质密封性处理,一方面大大增加了车辆行驶的平稳度;另一方面极大降低了行驶过程中车辆的噪声和路上的嘈杂。

(三)设备工具的选用

1. 举升机

举升机主要有双柱式(图4-4)、四柱式和龙门式等类型,一般采用电动液压操纵系统驱动,并设有双保险自锁保护装置,具有升降平稳、安全可靠、使用方便等特点。

2. 防腐涂料喷枪

防腐涂料喷枪(图4-5)通过其喷涂系统中的输软管、喷枪、喷嘴、供料系统的相互连接运行,将涂料雾化后从喷嘴喷涂在汽车底盘表面,使其形成一种漆膜厚度均匀、质感光滑细致的涂层。

图4-4 双柱式举升机　　图4-5 防腐涂料喷枪

(四)汽车底盘装甲的材料

1. 含沥青成分的底盘防锈胶

它是最早期的防锈产品,唯一优点就是便宜。但是沥青在干后会产生龟裂,有很多裂缝,藏在裂缝里的水,会造成"电池效应",使汽车底盘的锈蚀更加厉害,对汽车的危害会更大。所以,最好不要用含沥青成分的底盘防锈胶做底盘装甲。

2. 油性(溶剂性)底盘防锈胶

这类产品都含有对人体有害的有毒物质(用来做稀释剂的溶剂,如甲苯),会破坏环境和损害人体健康,所以,在一些环保要求严格的欧美国家已很少使用了。另外,油性(溶剂性)产品的胶层很硬,稍微弯曲一下,胶层就会开裂,缺少弹性,在底盘隔音方面效果较差。

3. 水溶性底盘防锈胶

由于它的稀释剂为水,不含有毒物质,所以又称水溶性底盘防锈胶,属于环保型底盘防锈胶,现在欧美国家大多数选用这类产品。水溶性底盘防锈胶附着力强、胶层弹性较好,底盘隔音效果显著,是做底盘装甲的首选材料。

4. 复合高分子树脂漆

复合高分子树脂漆第一代和第二代产品均为非环保型,正逐步退出市场;第三代为环保型,但其施工受温度、湿度的影响较大,耗时较长。第四代环保快干型底盘装甲复合高分子树脂漆(图4-6)具有高防水性、高弹性、高防腐性、高吸音降噪性,并在环保的基础上运用其独特的深层电离四元接枝技术,将四种不同性能的高分子材料融为一体,它不受湿度、温度的控制,大大缩短了施工时间,极大地方便了车主和施工人员。

图4-6 底盘装甲复合高分子树脂漆

## 二、任务实施

1. 准备工作

1)工位准备

要求工位无闲杂人等,无杂物,车辆通行顺畅,通风排水顺畅;检查水、电、气等是否正常供给。

2)安全防护

按规范穿戴好工作服、劳保鞋、手套等安全防护用品,做好个人安全防护。

3)工具设备材料准备

施工前应根据设备工具清单准备好所有工具设备和材料,清单见表4-1。

**底盘装甲工具设备和材料清单**　　　　　　　　　表4-1

| 序号 | 设备名称 | 检查要求 | 检查频率 | 检查人员 |
|---|---|---|---|---|
| 1 | 空气压缩机 | 环境通风,电源正常,机油正常处在红线标识上方 | 每日一次 | 小组轮查 |
| 2 | 空气压缩机储气罐 | 管道密封,通气阀打开 | 每日一次 | 小组轮查 |
| 3 | 高压清洗机 | 传动带正常,对应的水桶水量充足 | 每日一次 | 小组轮查 |
| 4 | 举升机 | 电源正常,转动、伸缩、调整举升支臂至汽车底盘指定位置并接触是否牢靠 | 每日一次 | 小组轮查 |
| 5 | 汽车清洗车组合鼓 | 管道伸缩是否顺畅 | 每车一次 | 自查 |
| 6 | 工具车 | 每人一辆,施工时随身摆放,所有工具、材料不落地 | 每车一次 | 自查 |
| 7 | 储物盒 | 分别摆放干净的毛巾、干净的海绵、辅料和工具 | 每车一次 | 自查 |
| 8 | 十字扳手 | 用于轮胎拆装,每个工位1个 | 每车一次 | 自查 |
| 9 | 遮蔽材料 | 遮蔽纸、遮蔽膜若干 | 每车一次 | 自查 |
| 10 | 防腐涂料喷枪 | 管道是否顺畅,喷涂雾化效果是否良好 | 每车一次 | 自查 |

## 2.技术要求与注意事项

(1)注意防护"底盘装甲"材料和稀释剂属于易燃性材料,并且有一定的刺激性,调配时要注意防火,施工时要做好个人防护,佩戴口罩和防护眼镜,并保持作业场地的通风。

(2)不得将涂料喷涂到发动机油底壳,变速器、排气管、消声器等部位,也不要喷涂到转向、制动、传动悬架等转动部位,以免干燥固化后影响其正常运转。

(3)施工后,一般需要24h才能自然干燥,在这期间应避免涉水行驶。

(4)喷涂施工气压为0.35~0.55MPa,喷枪距物体表面为15~20cm。"十"字形喷涂,喷涂速度为10~15cm/s,喷涂在不易连续喷射的地方可以点射喷涂。

(5)底盘装甲具有一定的厚度,是通过多次喷涂逐渐加厚的,下一次喷涂应在前一次涂层表面干燥基础上进行。

(6)对于砾石击打产生噪声的部位(如油箱,翼子板),应重点喷涂。适当增加涂层厚度,会取得好的降噪效果。

(7)一般对于塑料材质的部件,建议不用喷涂。

(8)施工后立即清洗喷枪。

3. 操作步骤

1)底盘清洗

如图4-7所示,用高压水枪对车辆底部进行彻底清洁。

2)车轮拆卸

将车辆停放于施工现场的汽车举升机上,固定好支撑点。如图4-8所示,用十字扳手卸下四个车轮,并给各轮注明相应位置,便于最后的安装复位。

图4-7 底盘清洗

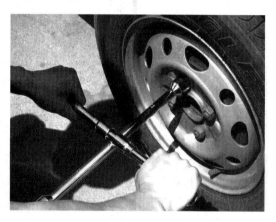
图4-8 车轮拆卸

3)举升车辆

如图4-9所示,升起车辆至适当的施工位置,继续对底盘表面进行清洗,去除锈迹和拐角部位积聚的尘土。

4)轮弧清洗

如图4-10所示,用水冲洗轮弧、挡泥板及挡泥板衬边,对于顽垢可以用刷子刷洗。清洗干净之后用压缩空气吹干清洗过的各部位。对于难以吹干的部位,用毛巾擦干。

5)遮蔽工作

如图4-11所示,准备遮蔽纸、遮蔽膜及胶带纸,便于接下来的遮蔽工作。轮毂遮蔽:用遮蔽纸将轮毂包住以避免被喷涂材料沾污。做好轮弧内侧及车身周围的裙部遮蔽,避免被喷涂材料沾污。将车辆油漆部分和底盘的油管、线束、传动件、排气管等部位遮蔽。地面遮蔽:在施工场地上铺好遮蔽膜,有利于施工后的清洁。

图4-9 举升车辆

图4-10 轮弧清洗

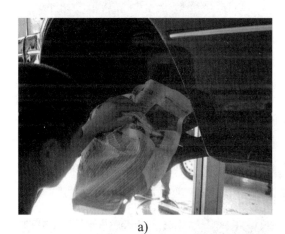
a)

b)

c)

图4-11 遮蔽工作

6)喷涂施工

先对车辆翼子板进行喷涂,使用前充分摇晃容器。注意操作人员施工时一定要做好必要的防护措施。再对车辆底盘进行喷涂,步骤同翼子板的喷涂。约 0.5h 之后,对轮弧、底盘进行第二次喷涂(图 4-12)。作业之后,等待喷涂部位表面干燥。如图 4-13 所示,"底盘装甲"应分布均匀,呈黑色颗粒状。

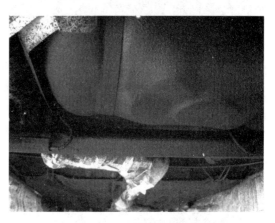

图 4-12　轮弧喷涂　　　　　　　　图 4-13　喷涂效果

7)撤掉遮蔽

如图 4-14 所示,取下遮蔽纸、撤掉地面遮蔽膜,并做好场地清洁工作。操作时须保证对非施工部位的遮蔽保护,以防因喷涂而影响车辆的性能。

8)装复车轮

如图 4-15 所示,完成施工后,装复车轮。最后降下举升机,将车辆移开。

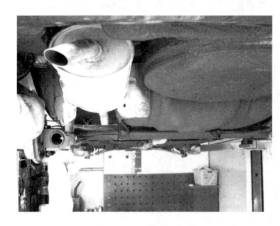

图 4-14　撤掉遮蔽　　　　　　　　图 4-15　装复车轮

## 三、学习拓展

"1+X"汽车美容装饰与加装改装服务技术(初级)职业技能工作任务考核要求见表 4-2。

## "1+X"汽车美容装饰与加装改装服务技术(初级)
### 职业技能工作任务考核要求

表 4-2

| 工作领域 | 工作任务 | 职业技能 | 技能要求 | 知识要求 |
| --- | --- | --- | --- | --- |
| 汽车美容装饰与加装改装服务技术（初级） | 底盘装甲 | 1.1 清洁 | 1.1.1 能将车辆停放于施工现场的汽车举升机上，固定好支撑点<br>1.1.2 能卸下四个车轮，并给各轮标注相应位置<br>1.1.3 能彻底清洁表面的油脂，污染物及残余蜡，新车可做简单的清洗工作 | 1.1.1 车辆举升知识<br>1.1.2 车轮拆卸流程知识<br>1.1.3 底盘清洗材料选用知识 |
| | | 1.2 除锈 | 1.2.1 能举升汽车至一定高度，喷涂上发动机外部清洗剂或发动机去油剂，然后用高压水枪冲洗底盘，去除底盘上黏结的油泥和沙子<br>1.2.2 能用水冲洗轮弧、挡泥板及挡泥板衬边，对于顽垢可以用刷子刷洗。对于旧车，则需要清除锈蚀点的锈斑 | 1.2.1 底盘清洗流程及注意事项<br>1.2.2 底盘除锈知识 |
| | | 1.3 干燥 | 1.3.1 能在底盘清洁后用压缩空气吹干清洗过的各部位，对于难以吹干的部位用毛巾擦干 | 1.3.1 压缩空气枪使用知识 |
| | | 1.4 遮蔽 | 1.4.1 能在操作时保证对非施工部位的遮蔽保护，以防因喷涂而影响车辆的性能<br>1.4.2 能将车辆油漆部分和底盘的油管、排气管等部位遮蔽。在施工现场地上铺好遮蔽膜，有利于施工后的清洁 | 1.4.1 车辆底盘遮蔽知识<br>1.4.2 车辆底盘遮蔽技术要点 |

续上表

| 工作领域 | 工作任务 | 职业技能 | 技能要求 | 知识要求 |
|---|---|---|---|---|
| 汽车美容装饰与加装改装服务技术（初级） | 底盘装甲 | 1.5 喷涂 | 1.5.1 能在施工前做好防护措施,戴好口罩、手套<br><br>1.5.2 能使用前充分摇晃容器,先对车辆翼子板进行喷涂,保持30cm的喷涂距离,先水平喷涂,然后保持一定角度喷涂,喷涂厚度为1.5mm以上<br><br>1.5.3 能将底盘装甲各组分材料依次喷涂到底盘上,防撞防锈底漆应均匀分布,注意不要喷涂在车轴、驱动轴、发动机、变速器、排气管等移动部件上 | 1.5.1 喷涂防护知识<br><br>1.5.2 喷涂操作要领知识<br><br>1.5.3 底盘装甲喷涂知识 |
| | | 1.6 局部修补 | 1.6.1 能在约0.5h之后,进行第二次喷涂,等待喷涂部位表面干燥,应分布均匀,呈黑色颗粒状,至少喷涂3层,厚度约为4mm<br><br>1.6.2 能对涂层局部修补,保证遮蔽性越强越好 | 1.6.1 局部修补操作要领知识<br><br>1.6.2 局部修补流程及技术规范 |
| | | 1.7 风干 | 1.7.1 能去除周边遮蔽物,用专用清洁剂清洗周边非喷涂部位,等待风干,做好场地清洁<br><br>1.7.2 喷涂后20~30min,用手轻触底盘装甲,装甲表面干燥,约1h可上路行驶<br><br>1.7.3 能将轮胎安装好后,仔细检查车身漆面是否有底盘装甲残留物,如有应及时清理干净 | 1.7.1 清洁剂选用知识,7S管理知识<br><br>1.7.2 底盘装甲干燥判断方法<br><br>1.7.3 轮胎安装规范知识 |

## 四、评价与反馈

1. 自我评价

(1) 通过对本学习任务的学习,你是否已经知道以下问题的答案:

① 汽车底盘损伤的情况有哪些?

_____

_____。

② 汽车底盘装甲材料该如何选用?

_____

_____。

(2) 防腐蚀喷枪的使用方法是什么?

_____

_____。

(3) 实训过程完成情况如何?

_____

_____。

(4) 通过对本学习任务的学习,你认为自己的知识和技能还有哪些欠缺?

_____

_____。

签名:_____  _____年___月___日

2. 小组评价

小组评价表见表4-3。

小组评价表　　　　　　　　　　　　　　　　表4-3

| 序号 | 评价项目 | 评价情况 |
| --- | --- | --- |
| 1 | 着装是否符合要求 |  |
| 2 | 能否合理规范地使用仪器和设备 |  |
| 3 | 是否按照安全和规范的流程操作 |  |
| 4 | 是否遵守学习、实训场地的规章制度 |  |

续上表

| 序号 | 评价项目 | 评价情况 |
|---|---|---|
| 5 | 能否保持学习、实训场地整洁 | |
| 6 | 团结协作情况 | |

参与评价的同学签名：_____　　　____年___月___日

3. 教师评价

_____

_____。

　　　　　签名：_____　　　____年___月___日

## 五、技能考核标准

技能考核标准见表4-4。

技能考核标准表　　　　　　　　　　　　表4-4

| 序号 | 项目 | 操作内容 | 规定分 | 评分标准 | 得分 |
|---|---|---|---|---|---|
| 1 | 安全7S态度 | 1. 能进行工位7S操作；<br>2. 能进行设备和工具安全检查；<br>3. 能进行车辆安全防护操作；<br>4. 能进行工具清洁、校准、存放操作；<br>5. 能进行"三不落地"操作 | 15 | 未完成1项扣3分，扣分不得超过15分 | |
| 2 | 专业技能能力 | 1. 能正确拆装车轮；<br>2. 能正确对未喷涂部位进行遮蔽保护；<br>3. 能正确对轮弧喷涂底盘装甲；<br>4. 能正确对底盘喷涂底盘装甲；<br>5. 能正确对轮弧、底盘二次喷涂 | 50 | 未完成1项扣10分，扣分不得超过50分 | |
| 3 | 工具及设备的使用能力 | 1. 能正确使用举升机设备；<br>2. 能正确使用水枪及空气压缩机；<br>3. 能正确使用防腐涂料喷枪；<br>4. 能正确使用遮蔽材料 | 12 | 未完成1项扣2分，扣分不得超过12分 | |

续上表

| 序号 | 项目 | 操作内容 | 规定分 | 评分标准 | 得分 |
|---|---|---|---|---|---|
| 4 | 资料及信息的查询能力 | 1. 能正确使用维修手册查询资料；<br>2. 能在规定时间内查询所需资料；<br>3. 能正确记录所查询资料章节页码；<br>4. 能正确记录所需维修信息 | 8 | 未完成1项扣2分,扣分不得超过8分 | |
| 5 | 分析判断能力 | 1. 能判断底盘是否清洗干净；<br>2. 能判断遮蔽保护是否正确；<br>3. 能判断底盘装甲是否喷涂正确 | 9 | 未完成1项扣3分,扣分不得超过9分 | |
| 6 | 记录及撰写能力 | 1. 字迹清晰；<br>2. 语句通顺；<br>3. 无错别字 | 6 | 未完成1项扣2分,扣分不得超过6分 | |
| 总分 | | | 100 | | |

## 学习任务5　车轮维护

### 学习目标

☆ **知识目标**

1. 了解汽车轮胎、轮毂维护的重要性；
2. 熟悉轮胎、轮毂美容维护方法；
3. 掌握汽车轮胎维护的工艺流程和操作要领；
4. 掌握轮胎维护注意事项。

☆ **技能目标**

1. 能熟练使用轮胎拆装机等工具和设备,按照标准流程进行轮胎维护的操作；
2. 能熟练进行轮胎与轮毂的翻新操作；
3. 能遵守日常车间安全规定,能按照安全管理条例整理工具、设备和工作现场。

### 建议课时

2 课时

### 任务描述

轮胎是汽车身上最重要的部件之一,对于汽车的操纵性、舒适性、加速性、制动性都有相当大的影响。为了保证轮胎的性能,有必要对轮胎进行定期维护。

本次学习任务就是能熟练使用轮胎拆装机等工具和设备,按照标准流程进行轮胎维护的操作;能够熟练地进行轮胎与轮毂的翻新操作。

## 一、理论知识准备

汽车依靠轮胎与地面的摩擦力产生驱动力而行驶。由于轮胎与路面的接触,溅起的泥水、尘土、油脂和沥青等使轮胎和轮毂的外表较脏,同时附在上面的一些酸、碱性物质也会慢慢地产生侵蚀作用,使轮胎过早老化,甚至龟裂。因此,经常清洗轮胎和轮毂,保持其外表的清洁和亮丽显得十分必要。

### (一) 车轮维护的重要性

#### 1. 按照使用工具设备分类

汽车车轮长时间使用过程中,与不同的路面接触,磨损程度不一,这对汽车行驶安全构成了严重的威胁,容易引起交通安全事故。常见汽车车轮不进行维护的危害如图 5-1 所示。

#### 2. 美观的需要

轮胎在使用的过程中,溅起的泥水、尘土、油脂和沥青等,使得轮胎和轮毂的外表非常脏,严重影响了汽车的美观。

#### 3. 防腐的需求

轮胎受到一些酸、碱性污染物的侵蚀作用,会逐渐失去原有的纯正黑色,受侵蚀的橡胶极易老化、变硬,失去原有的弹性及耐磨性,甚至龟裂。现代汽车轮毂一般多为铝合金材质,由于空气、水和腐蚀性物质对其产生化学作用而引起氧化锈蚀。

### (二) 清洁维护用品

轮胎和轮毂的清洁并不难,关键是要采用专用的轮胎清洁剂和轮毂清洁剂去除外表的沥青,采用专用轮胎保护剂(图 5-2)恢复光亮。

项目二　汽车外部清洁护理

a)轮胎龟裂

b)发黄褪色

c)轮胎鼓包

d)轮胎爆胎

e)污渍污垢

f)轮胎老化

图 5-1　不对车轮进行维护的危害

a)轮胎清洁剂

b)轮毂清洁剂

c)轮胎保护剂

d)镀铬抛光剂

图 5-2　轮胎与轮毂的清洁用品

1. 轮胎清洁剂

轮胎清洁剂富含强力清洁泡沫,渗透能力强,清洁面大,能有效清除轮胎表面的污垢;同时可使轮胎表面快速生成一层乌黑闪亮的保护膜,能有效地保持轮胎的清洁,延缓轮胎老化、皲裂。

2. 轮毂清洁剂

轮毂清洁剂可以快速瓦解黏附在轮毂表面的制动粉、油脂、灰尘等污垢以及金属氧化物,可用于各种轮毂罩、钢制和铝合金轮毂的翻新。

### 3. 轮胎保护剂

轮胎保护剂能有效防止轮胎等橡胶部件的老化、皲裂、变形及褪色,不伤害轮毂、胎圈;有优异的抗静电功能,不易吸附灰尘,保持轮胎的光亮。

### 4. 镀铬抛光剂

用于去除镀铬件、不锈钢件和其他金属上的锈斑、氧化物、腐蚀及瑕疵,使之持久明亮,光洁如新。

## (三)清洁护理的方法

### 1. 轮毂的清洁护理

汽车轮毂主要有铝合金轮毂和钢制轮毂两种。轮毂的清洁是要除去轮毂上的油污及氧化锈蚀层。氧化锈蚀层是由空气、水分与腐蚀性物质混合后对金属表面的化学腐蚀作用引起的。

(1)轮毂表面经过高压水花冲洗后,用全能水喷敷。

(2)用大、中号的刷子或海绵仔细地刷洗掉车轮辐条、叶片上的泥土、污垢。

(3)用小号的刷子仔细地刷除轮辐上的顽迹。

(4)将轮毂清洁剂均匀地喷敷于铝合金或钢制轮毂上,尤其是辐条、叶片等细微处。

(5)停留3~5min后,用软毛巾将轮毂擦拭干净,直至恢复其原有的金属光泽。

### 2. 轮胎的清洁护理

轮胎上除了沾有一些灰尘、泥土外,还可能被一些酸碱性物质污渍,使轮胎面出现花白现象。此类污染物用清水很难清除,而普通清洁剂只能除去尘土。规范的轮胎清洁护理如下。

(1)首先用高压水枪并配用软毛刷将轮胎上的泥土除去,再用轮胎清洁剂做进一步的清洗,而后擦干。

(2)待3~5min后,将轮胎护理剂均匀地喷涂于轮胎上。轮胎护理剂呈乳青状附于轮胎上,并很容易使脏物与泡沫一起落下,如此反复2~3遍。

(3)对于轮胎上的一些顽迹,可在使用轮胎增黑护理剂后再配合使用软毛巾擦拭。轮胎自然晾干后,便会产生黝黑、亮丽的光泽。

(4)喷涂轮胎保护剂,能够保持轮胎的弹性,并延缓老化。

## （四）汽车轮胎的使用与维护

汽车轮胎一般在汽车清洗过程中就已经清洗干净了。但为了使轮胎的使用年限更长，可以使用轮胎专门的清洗剂和保护剂进行护理。

轮胎关系到行车的安全性，因此要注意维护，一般来说有以下几点注意事项。

### 1. 经常检查轮胎气压

至少每月检查一次，检查所有轮胎在冷却情况下的气压（包括备胎在内，一般备胎的气压要相对高一些）。如果气压减少过快，应查明原因（例如有无扎钉、割破、气门嘴橡胶老化、开裂等现象）。正确的轮胎气压，各汽车制造厂都有特别的规定，应遵循车辆油箱盖内侧或车门上的标示。轮胎胎侧上标明了最高充气压力，千万不可超出最高值。气压必须在轮胎冷却时测量，而且测量后务必将气门嘴帽盖好，应经常使用气压表测量。通常在高速公路行驶时，轮胎气压应提高10%，以减少因屈挠而产生的热量，从而提高行车的安全性；同一车轴上的两条轮胎应是花纹规格完全相同的，而且应该充同样的气压，否则，会影响车辆的行驶和操控。

### 2. 避免撞击障碍物

车辆高速行驶时，如轮胎撞击坑洞及其他障碍物会导致轮胎在障碍物与轮辋凸缘之间产生严重的挤压变形，这会造成胎体帘子布断纱，轮胎内部的空气则从断纱处顶起形成鼓包。严重的会造成轮胎侧破裂，轮胎突然泄气。

驾驶车辆时注意力应集中，如看到前方有障碍物，一定要提前作出反应并尽量避免撞击障碍物，若无法避免，要尽量减速通过。尤其需要注意扁平比低的轮胎。

### 3. 轮胎磨损至磨损指示标志应停止使用

胎面花纹沟所剩深度1.6 mm位置处设有磨损指示标志，轮胎磨损至此时，轮胎必须更换。使用超过磨损指示标志的轮胎在湿地行驶时是很危险的，此时排水性能已大大降低，从而会严重影响湿地抓地力。

### 4. 车轮定位和平衡

如果轮胎磨损不均匀，例如，轮胎胎肩磨损快于胎面其余部分，或者发觉车辆过度抖动，此时车轮可能定位不良或不平衡。这些情况不仅会缩短轮胎寿命，而且影响车辆的操控性，可能会出现危险，故需及时进行四轮定位和车轮动平衡。

### 5. 防止阳光、油、酸、碳氢化合物损坏轮胎

由于轮胎是橡胶制品，所以在行驶、停车或存储轮胎时必须注意不要和油、

酸、碳氢化合等化学物品接触,否则,会造成腐蚀、变形、软化等。停车时,建议将车辆停于阴凉处,以免阳光直射造成轮胎过早老化、损坏。

#### 6. 轮胎调位

由于驱动轮的位置(前驱动或后驱动)和转向轮等因素,轮胎前后轮的磨损不一样。为了获得最佳的轮胎磨损状况及更长的使用寿命,轮胎调位是必需的。可参考车辆制造商提供的使用手册有关轮胎调位的指导。

#### 7. 轮胎充气

轮胎充气有空气充气与氮气充气两种,比起传统的空气充气,氮气充气在轮胎的维护、延长使用寿命上更胜一筹。使用氮气后,胎压稳定、体积变化小,大大降低了轮胎不规则摩擦可能性,如冠磨、胎肩磨、偏磨,提高了轮胎的使用寿命;橡胶的老化是受空气中的氧气所致的,老化后其强度及弹性下降,且会有皲裂现象,这是造成轮胎使用寿命缩短的原因之一。氮气分离装置能极大程度地排除空气中的氧气、硫、油、水和其他杂质,有效降低了轮胎内衬的氧化程度、减少橡胶被腐蚀的现象,不会腐蚀金属轮毂,延长了轮胎的使用寿命,也极大地减少了轮毂生锈的状况。

## 二、任务实施

#### 1. 准备工作

1)工位准备

要求工位无闲杂人等,无杂物,车辆通行顺畅,通风排水顺畅;检查水、电、气等是否正常供给。

2)安全防护

按规范穿戴好工作服、劳保鞋、手套等安全防护用品,做好个人安全防护。

3)工具设备材料准备

施工前应根据设备工具清单准备好所有工具设备和材料,清单见表5-1。

车轮维护工具设备和材料清单　　　　　　　　　表5-1

| 序号 | 设备名称 | 检查要求 | 检查频率 | 检查人员 |
|---|---|---|---|---|
| 1 | 空气压缩机 | 环境通风,电源正常,机油正常处在红线标识上方 | 每日一次 | 小组轮查 |
| 2 | 空气压缩机储气罐 | 管道密封,通气阀打开 | 每日一次 | 小组轮查 |

续上表

| 序号 | 设备名称 | 检查要求 | 检查频率 | 检查人员 |
|---|---|---|---|---|
| 3 | 高压清洗机 | 皮带正常,对应的水桶水量充足 | 每日一次 | 小组轮查 |
| 4 | 举升机 | 电源正常,转动、伸缩、调整举升支臂至汽车底盘指定位置,并检查是否牢靠 | 每日一次 | 小组轮查 |
| 5 | 汽车清洗车组合鼓 | 管道伸缩是否顺畅 | 每车一次 | 自查 |
| 6 | 工具车 | 每人一辆,施工时随身摆放(长刷、短刷、轮毂刷、风枪),所有工具不落地、材料不落地 | 每车一次 | 自查 |
| 7 | 清洁维护材料 | 轮胎清洁剂、轮胎保护剂、轮毂清洁剂、镀铬抛光剂 | 每车一次 | 自查 |
| 8 | 储物盒 | 分别摆放干净的毛巾、干净的海绵、辅料和工具 | 每车一次 | 自查 |

2. 技术要求与注意事项

(1)为了不破坏轮毂表面自身的保护层,不能对轮毂使用油漆光亮剂或其他研磨材料。当铝合金防护漆受到损坏,如行驶中受到硬物的碰划有伤痕时,应尽快对合金轮毂进行修理,重新喷漆。

(2)使用轮胎光亮剂时要远离高温、火星及明火场所,避免产品与孩子接触。

(3)在通风良好处使用。

(4)防止产品溅入眼睛。

(5)不使用时请盖紧瓶盖,防止蒸发。

3. 操作步骤

1)车轮清洗

如图5-3所示,用高压水枪清洗轮胎上、轮毂外表以及挡泥板内侧的泥沙和尘土,同时一边冲洗一边用毛刷刷洗,去除深嵌在轮胎花纹中的淤泥、砂石。

图5-3 车轮清洗

2)喷涂轮胎清洁剂

如图5-4所示,将轮胎清洁剂摇匀,均匀地喷涂在轮胎表面,停留1~2min后,因毛巾擦拭,直至轮胎再现亮黑本色。如果轮胎较脏,应及时更换毛巾。

3)清洁轮毂

如图5-5所示,将摇晃均匀的轮毂清洁剂喷到轮毂表面,2~3min后用柔软的毛刷或海绵擦拭,注意轮毂的辐条之间不要有遗漏。

轮毂清洁养护

轮胎清洁养护

图5-4 喷涂轮胎清洁剂　　图5-5 清洁轮毂

4)喷涂轮胎保护剂

如图5-6所示,轮胎和轮毂清洁后,用水冲洗干净,再用压缩空气吹干,喷涂轮胎保护剂,自然干燥即可。

5)喷涂镀铬抛光剂

如图5-7所示,用毛巾蘸适量镀铬抛光剂并将其均匀涂抹于轮毂上,以适当力度加快擦拭,持续擦拭直到轮毂表面达到理想亮泽程度。

图5-6 喷涂轮胎保护剂　　图5-7 喷涂镀铬抛光剂

## 三、学习拓展

如图5-8所示,高级汽车的轮毂大都为铝合金材料制造。这种轮毂外观漂亮,但也很娇气。要保持轮毂外观漂亮,除了在驾驶过程中要格外小心防止轮毂的意外损伤外,如果有时间,应当每周进行一次彻底的清洁。

轮胎在日常使用中,要保证轮胎的正常气压(图5-9),不要超负荷行驶。尽可能选择好路面行驶,尽可能使轮胎在正常速度和温度条件下行驶。当轮胎的温度过高时,不可用冷水浇灌或放气调压,而应停车散热为宜。

图5-8　汽车轮毂

图5-9　轮胎胎压日常检查

要定期维护轮胎花纹的凹槽内是否有石子等异物。但如果有钉子等,需要向专业的维修机构寻求解决方案。检查轮胎胎侧是否有划伤或刺破、轮胎帘线是否外露。如果是,立即更换轮胎。同时要注意轮胎的质保期。轮胎的使用寿命大多为2～3年或6万～10万km。当花纹深度为1.6mm(最小磨损)时,应立即更换轮胎。超过保修期的轮胎(尤其是备用轮胎,使用寿命约为3年)的整体性能有所下降。

如果汽车在行驶过程中出现跑偏、转向盘沉重、轮胎单边磨损等问题,这些现象基本上就是在提醒应立即调整汽车的四轮定位。因为转向盘的原因,前轮比后轮磨损得快。为了延长轮胎的使用寿命,轮胎要定期换位,使轮胎磨损均匀。

## 四、评价与反馈

1. 自我评价

(1)通过对本学习任务的学习,你是否已经知道以下问题的答案:

①为什么要做轮胎轮毂护理？

_____

②轮胎的保护措施有哪些？

_____

③如何选用轮胎轮毂维护用品？

_____

(2)实训过程完成情况如何？

_____

(3)通过对本学习任务的学习，你认为自己的知识和技能还有哪些欠缺？

_____

签名：_____　_____年____月____日

2. 小组评价

小组评价表见表5-2。

小组评价表　　　　　　　　　　　　　　　　表5-2

| 序号 | 评价项目 | 评价情况 |
| --- | --- | --- |
| 1 | 着装是否符合要求 | |
| 2 | 能否合理规范地使用仪器和设备 | |
| 3 | 是否按照安全和规范的流程操作 | |
| 4 | 是否遵守学习、实训场地的规章制度 | |
| 5 | 能否保持学习、实训场地整洁 | |
| 6 | 团结协作情况 | |

参与评价的同学签名：_____　　_____年____月____日

3. 教师评价

_____

签名：_____　_____年____月____日

## 五、技能考核标准

技能考核标准见表5-3。

技能考核标准表　　　　　　　　　　表5-3

| 序号 | 项目 | 操作内容 | 规定分 | 评分标准 | 得分 |
|---|---|---|---|---|---|
| 1 | 安全7S态度 | 1. 能进行工位7S操作；<br>2. 能进行设备和工具安全检查；<br>3. 能进行车辆安全防护操作；<br>4. 能进行工具清洁、校准、存放操作；<br>5. 能进行"三不落地"操作 | 15 | 未完成1项扣3分，扣分不得超过15分 | |
| 2 | 专业技能能力 | 1. 能正确使用高压水冲洗车轮；<br>2. 能正确对轮胎喷涂轮胎清洁剂；<br>3. 能正确对轮毂喷涂轮毂清洁剂；<br>4. 能正确对轮胎喷涂轮胎保护剂；<br>5. 能正确对轮毂进行抛光处理 | 50 | 未完成1项扣10分，扣分不得超过50分 | |
| 3 | 工具及设备的使用能力 | 1. 能正确使用举升机设备；<br>2. 能正确使用高压水枪及空气压缩机 | 12 | 未完成1项扣2分，扣分不得超过12分 | |
| 4 | 资料及信息的查询能力 | 1. 能正确使用维修手册查询资料；<br>2. 能在规定时间内查询所需资料；<br>3. 能正确记录所查询资料章节页码；<br>4. 能正确记录所需维修信息 | 8 | 未完成1项扣2分，扣分不得超过8分 | |
| 5 | 分析判断能力 | 1. 能判断轮胎是否清洗干净；<br>2. 能判断轮毂是否清洗干净；<br>3. 能判断轮毂抛光是否正确 | 9 | 未完成1项扣3分，扣分不得超过9分 | |

续上表

| 序号 | 项目 | 操作内容 | 规定分 | 评分标准 | 得分 |
|---|---|---|---|---|---|
| 6 | 记录及撰写能力 | 1.字迹清晰；<br>2.语句通顺；<br>3.无错别字 | 6 | 未完成1项扣2分,扣分不得超过6分 | |
| | | 总分 | 100 | | |

# 项目三　汽车室内清洁维护

## 学习任务6　汽车内饰清洁维护

 学习目标

☆ **知识目标**

1. 熟悉汽车内饰清洁的工艺流程和操作要领；
2. 熟悉内饰件上光维护的手法和要领；
3. 熟悉汽车室内清洁设备工具的使用工作原理及操作要领；
4. 熟悉清洁剂、上光维护剂的性能及使用方法。

☆ **技能目标**

1. 能熟练使用汽车内饰清洗维护工具和设备按照标准流程进行全车内部清洁维护作业；
2. 能按照标准流程对汽车室内进行吸尘处理；
3. 能遵守日常车间安全规定，按照安全管理条例整理工具、设备和工作现场。

建议课时

6课时

 任务描述

汽车室内通常是一个密闭的环境，并且乘客经常会带入水、污泥、食品碎屑、油渍等污染物残留在室内，如果长时间不清洁处理，会滋生霉菌，对汽车室内环境造成污染，影响乘客的身体健康。汽车不仅应及时清洁车身外部，车身内部也应定期清洁维护，以保持乘坐环境健康舒适，并且可保持内饰持久如新。

本次学习任务就是在汽车外部清洁的基础上，对汽车内饰做深度清洁维护，保证全面吸尘无死角，座椅、地板、顶篷、行李舱、门边板、仪表板等内饰件清洗彻底、上光保护车均匀，脚垫清洗、干燥并归位正确。

## 一、理论知识准备

汽车被誉为车主的"第二个家",汽车室内环保健康安全的乘坐环境至关重要。车内或多或少会受到外部油污、灰尘、食物残渣、烟尘、污渍等有害因素的影响,使车内滋生细菌、发生霉变,会对车主及家人的健康造成损害。因此,需定期对汽车内饰进行清洁、消毒杀菌和除臭等,保持健康舒适的乘坐环境,呵护家人的健康安全。

### (一)常用汽车内饰材料

汽车内饰件主要包括汽车顶篷、内衬板、仪表板、中控台、转向盘及套件、安全带、头枕、座椅垫、座椅套、脚垫、地毯等。

常用的汽车内饰材料主要有改性塑料、布饰面料、混纺织品材料、皮革面料。

#### 1. 改性塑料

汽车车门内衬板、仪表板转向盘、中控件等多用改性塑料。改性塑料质地硬、防水、易带静电,可用毛刷、毛巾刷洗或擦拭。

#### 2. 布饰面料

布饰面料按其原材料的组成,可分为纯棉织品、纯毛织品、化纤织品和混纺织品。常用来制作座椅垫、座椅套、顶篷、地毯等,根据面料的特点可分别选棉、毛、化纤等。

1)纯毛织品

纯毛织品有较好的保温性和透气性,比棉制品强度高,是汽车装饰的主要材料,可作顶盖、内护面内衬、座套、坐垫及地毯等。纯毛织品不易染色、易被虫咬、易变形、不易清洗。

2)化纤织品

化纤织品强度高、寿命长、易清洗、不易变形,大部分易着色,其保温性、透气性差,是汽车装饰的主要材料,可做顶篷、内护板内衬装饰、座套、坐垫及地毯等。

3)纯棉织品

纯棉织品有较好的柔软性、保温性和透气性。易涂色、颜色鲜艳;易吸水、强度较差、易变形,常用来制作座椅垫、座套等。

4)混纺织品材料

混纺织品材料以棉、毛和化纤为原料,按一定比例制成,有良好的综合性能。混纺织品材料是汽车装饰的主要材料,可制作内衬装饰、座套、脚垫及窗帘等。

### 3. 皮革面料

皮革面料主要有天然皮革和合成革两种类型。天然皮革是由动物的皮经加工而成，常用的有牛皮、羊皮、猪皮等，是汽车装饰中的高级装饰面料，一般用来制作豪华汽车内的驾驶室座椅、仪表板等，其缺点是怕水浸湿，浸湿后易变形。合成革也叫仿皮或胶料，是PVC(Poly Vinyl Chloride,聚氯乙烯)和PU(Polyurethane,聚氨酯)等人造材料的总称。PVC、PU等皮革制品的透气性能较好；合成革品种繁多，表面光滑、厚薄、色泽和强度等均匀，在防水、耐酸碱、微生物方面优于天然皮革。

### (二)内饰清洁维护的作用及方法

#### 1. 内饰清洁维护的作用

(1)创造良好车内环境，保护健康：汽车室内空间狭小、多处于密闭状态，易受外界油尘、泥沙、吸烟、乘客汗渍及空调循环等不良因素的影响，会导致汽车内饰中的地毯、座椅、空调风口、行李舱等处细菌滋生，甚至产生难闻杂味，不但影响了室内空气环境，更重要的是对驾乘人员的健康产生了威胁。定期或及时的内饰清洁掩护可有效防止细菌滋生、消除异味、防止静电产生，保证良好的车内环境，保护驾乘人员健康。

(2)保护汽车内饰，延长使用寿命：定期对汽车内饰进行清洁维护可以有效地防止各种污物对地毯、真皮座椅、纤维织物等饰件的腐蚀，延长使用寿命。

#### 2. 内饰清洁维护的方法

(1)除尘：首先除去车内的尘土，扫去大的污物，然后用吸尘器吸去地毯及座椅缝隙中的灰尘。

(2)清洁：清洗空调风道，清洗仪表台和转向盘、座椅，清洁顶篷和行李舱。擦拭车窗、车门，打理脚垫、脚踏等。

(3)上光维护：对仪表台、车门板内衬、真皮座椅等塑料、皮质等内饰件喷洒皮革上光保护剂，并擦拭，能消除静电，减少粉尘污染，隔绝紫外线，美观且能延长内饰使用寿命。

### (三)设备工具的选用

#### 1. 吸尘器的选用及注意事项

建议选用配有多种吸嘴和刷头的吸尘器(图6-1)。

(1)吸尘器需定期维护，定期清洗吸尘器吸嘴上面的过滤网。另外，吸尘器最好每年进行售后检修,以确保使用寿命。

(2)不使用吸尘器时,可以将吸尘器放在干燥处保存好,避免潮湿下次使用时出现电机短路等安全问题。

(3)吸尘器使用时间久了吸力会减弱,这时可以清除管内、网罩表面的堵塞物和积尘,恢复原有的吸力。

(4)使用过程中,一旦有异物堵塞吸管,那最好停止使用,不然会烧坏电机。

图 6-1　吸尘器和刷头

2.清洁维护工具及材料的选用

常用内饰清洁工具材料见表 6-1。

常用内饰清洁工具材料　　　　　表 6-1

| 工具材料 | 图示 | 使用说明 |
| --- | --- | --- |
| 多功能上光剂 |  | 适用于车内饰件和车外漆面及金属件。喷洒于抛光海绵或抛光毛巾上擦拭饰件或漆面,也可以直接喷涂在饰件表面并擦拭抛光 |
| 真皮内饰清洁护理剂 |  | 清洁汽车内部各部件表面污垢油渍,气味清新;表面留下自然保护膜,使灰尘不会聚积;含清新柠檬味,适用于橡胶皮革、塑料材质 |

续上表

| 工具材料 | 图示 | 使用说明 |
|---|---|---|
| 塑料/皮革清洁保护蜡 |  | 适用于一切橡胶、皮革、塑料材质。能清洁汽车内部各部件表面的污垢和油渍,并在被处理表面留下自然保护膜,防静电,使灰尘不会聚积,气味清新,清洁润光,一次完成 |
| 中性泡沫清洁剂、丝绒清洁剂 |  | 可用于清洁各种木质、皮质、塑料、纤维、玻璃、陶瓷及不锈钢等材料制品,如汽车上的座椅、仪表台、轮胎、保险杠、内壁、顶篷等 |
| 表板蜡、塑料润光蜡 |  | 推荐在使用塑料清洁剂后使用,可有效使汽车塑料等部件形成光亮保护膜,并含防静电剂,可减少灰尘聚积,使处理表面光亮如新。倒适量于拭车布上,均匀涂抹于需清洁之塑料件表面并以适当力度画圈擦拭。擦拭至塑料表面形成光亮保护膜,把布洗净,必要时重复以上操作 |
| 百洁布/神奇海绵 |  | 加厚型无划伤百洁布有着更高的清洁效率和耐用性,适用于精细表面,使表面完美无划伤 |

续上表

| 工具材料 | 图示 | 使用说明 |
|---|---|---|
| 液晶屏幕清洁套装 | | 适用于触摸屏、液晶屏的清洁 |
| 内饰清洗短毛刷 | | |
| 内饰清洁毛巾 | | |
| 脱水毛巾 | | 深度清洁、维护工具套装 |
| 上光海绵 | | |
| 喷壶 | | |
| 小长毛刷 | | 用于清洁缝隙、空调孔 |
| 整理箱 | （略） | 用于收纳客户车内物品 |
| 吸尘器 | （略） | 用于车内吸尘 |
| 吹尘枪 | | 用于车内缝隙吹尘 |

## 二、任务实施

### 1. 准备工作

1）工位准备

要求工位无闲杂人等,无杂物,车辆通行顺畅,通风排水顺畅;检查水、电、气等是否正常供给。

2）安全防护

按规范穿戴好工作服、劳保鞋、手套等安全防护用品,做好个人安全防护。

3）工具设备材料准备

施工前应准备好所有工具设备和材料,清单参见表6-2。

汽车内饰清洁维护工具设备和材料清单　　表6-2

| 序号 | 工具设备材料名称 | 检查要求 | 检查频率 | 检查人员 |
|---|---|---|---|---|
| 1 | 空气压缩机 | 环境通风,电源正常,机油正常处在红线标识上方 | 每日一次 | 小组轮查 |

续上表

| 序号 | 工具设备材料名称 | 检查要求 | 检查频率 | 检查人员 |
|---|---|---|---|---|
| 2 | 空气压缩机储气罐 | 管道密封,通气阀打开 | 每日一次 | 小组轮查 |
| 3 | 吸尘器 | 吸尘工作正常 | 每日一次 | 小组轮查 |
| 4 | 吹尘枪 | 吹尘工作正常 | 每日一次 | 小组轮查 |
| 4 | 清洁维护材料 | 中性泡沫清洁剂、丝绒清洁剂、上光保护剂等在保质期内,性能良好 | 定期 | 自查 |
| 5 | 汽车清洗车组合鼓 | 管道伸缩是否顺畅 | 每日一次 | 小组轮查 |
| 6 | 工具车 | 每人一辆,施工时随身摆放,包括洗车毛巾、毛刷等 | 每车一次 | 自查 |
| 7 | 储物盒 | 分别摆放干净的毛巾、干净的海绵、辅料和工具 | 每车一次 | 自查 |

**2.技术要求与注意事项**

(1)全面彻底清洁,无污渍、无浮尘、无砂砾。

(2)对不了解的车型、材料、老旧的作业表面,作业时可先找不太显眼处进行清洗测试,无异常反应后再全面作业。

(3)作业时要防止清洁剂渗入各类控制开关的缝隙,清洗时必须小心防止损坏仪表台设备和各种控制键。

(4)毛绒材料禁止用毛刷进行清洗作业,毛刷会造成毛绒材料起球损伤。

(5)转向盘、拨杆头不能上光。

**3.操作步骤**

(1)接车:把车辆移入施工区,检查内饰,提醒客户保管车内贵重财物,声明为作业需要须将车内物品临时放入收纳整理箱内,告知交车时间。

(2)吸尘:取出脚垫,从前至后按车顶→中控→操作台→座椅→车门→地板→行李舱的顺序吸尘,彻底吸尘,不留死角。应根据需要正确选用吸嘴和刷头(图6-2)。注意不能用吸尘器吸大的垃圾物品,防止堵塞;勿吸尖锐物品及潮湿物品,防止刺破、损坏吸尘器。

(3)顶篷清洗:作业前检查顶篷状况,对于有塌陷状况的顶篷禁止清洗。将中性泡沫清洗剂(或丝绒清洁剂)喷在内饰毛巾上(图6-3),由前到后对顶篷进行擦拭清洗(分块分区域),再立即(1min之内)用拧干的洁净毛巾擦拭干净。

图6-2 正确选用吸嘴和刷头

内饰吸尘

图6-3 顶篷清洗

(4)座椅清洁护理:按顺序由前到后逐一清洗,然后再上光护理。

①丝绒座椅的清洁:将丝绒清洁剂喷在作业毛巾上,用内饰毛巾擦洗清洁,如图6-4所示,再立即(1min之内)用拧干的洁净毛巾擦拭干净。对于局部顽渍可多擦拭几遍,但须及时用拧干水的洁净毛巾快速拭净清洁剂及污渍,不能有任何残留。再用干燥的内饰毛巾快速擦干。

②真皮座椅清洁:先用真皮清洁剂清洁真皮座椅(图6-5),再用真皮上光保护蜡上光护理。为保证上光均匀,在上光完成后用干燥的内饰毛巾均匀擦拭一遍。

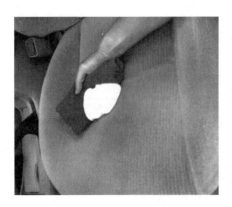

图6-4 清洗丝绒座椅　　图6-5 清洗真皮座椅

真皮座椅的清洁

(5)安全带清洁:将安全带拉出逐一行刷洗。将中性万能泡沫直接喷在拉出的安全带上,用毛刷清洗(图6-6),然后及时用内饰毛巾将其擦净,保证安全带清洗彻底、无油污,且干燥。

(6)门边板、仪表台清洁护理:

按照后门→前门→一侧仪表台→另一侧仪表盘→前门→后门的顺序作业,先清洗后上光,由上到下依次进行作业。各内饰件清洁护理方法如下:

①真皮、塑料件表面清洁护理:将中性万能泡沫/皮革清洁剂喷洒在作业毛巾上对需清洁的门板表面擦拭清洁(图6-7,边角部位可使用小毛刷)→内饰毛巾擦拭清洁→真皮、塑料表面护理(用护理海绵蘸美光皮革塑料护理剂表面均匀涂抹抛光,图6-8)。

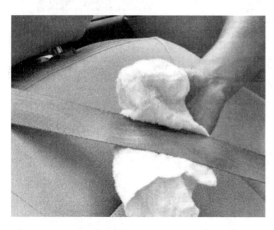

图6-6　清洗安全带

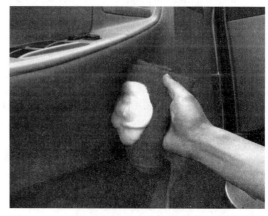

图6-7　门板表面擦拭清洁

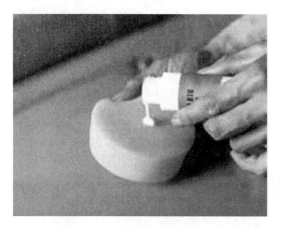

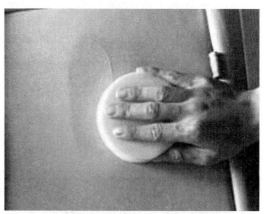

图6-8　真皮、塑料表面上光护理

②仪表台清洁护理(图6-9)。将中性泡沫清洁剂喷在清洗毛巾上进行擦拭清洁,边缝用小毛刷清洁;然后将上光保护剂均匀喷洒或涂抹至仪表台表面,再

用干燥毛巾均匀擦拭一遍,保证上光均匀。效果光亮如新,可防静电,减少灰尘的附着。

图6-9　仪表台清洁护理

③桃木材料清洁护理:用湿润内饰毛巾擦拭(顽固污渍可蘸去污蜡擦拭)→打蜡海绵上美光蜡→干后打蜡毛巾除蜡→清缝。

④金属装饰材料清洁护理:用湿润内饰毛巾擦拭(顽固污渍可蘸去污蜡擦拭)。

内饰吹洗

显示屏、仪表面清洁护理:将专用显示屏护理剂喷在专用小毛巾上对显示屏进行擦拭清洁。

⑤空调孔清洁护理:用小毛刷清理,用湿润内饰毛巾擦拭。

(7)车厢地毯清洁:将万能泡沫直接喷在作业表面上,由前到后用内饰毛巾擦洗清洁,局部污渍严重区域可用柔软毛刷刷洗(图6-10)。用吸尘器吸除浮渍及水分,再用干毛巾擦拭,保证地毯彻底洁净干燥。

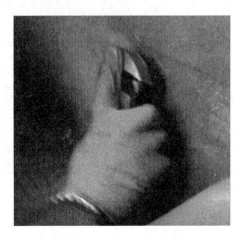
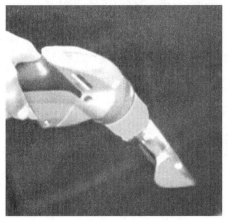

图6-10　车厢地毯清洁

(8)行李舱清洁流程:由里到外用万能泡沫进行清洗→吸尘器吸除浮渍及水分→用干毛巾擦拭,洁净干燥。将万能泡沫直接喷在作业表面上,用内饰毛巾擦洗清洁,局部污渍严重区域可用柔软毛刷刷洗。用外饰毛巾将备胎室擦拭干净。

行李舱吸尘

(9)脚垫清洗:脚垫清洗有干洗和水洗两种方式。

①干洗:适合羊毛类脚垫或有特殊要求的脚垫。

作业流程:将脚垫放置在脚垫清洗台上→万能泡沫均匀喷洒在整个脚垫上→专用脚垫刷上下、左右刷洗(至污渍完全消失)(图6-11)→湿润干净毛巾擦拭→按此方法清洗完所有车内脚垫→专用脚垫架晾晒。针对局部特别顽固的污渍可用强力去污剂清洗,但一定要及时冲洗干净。

②水洗:

作业流程:将脚垫平铺在脚垫清洗区地面→湿润脚垫→均匀喷上清洁剂→用脚垫刷上下、左右刷洗(至污渍完全消失)→用高压水枪冲洗(图6-12)→用脱水机脱水→用烘干机烘干。

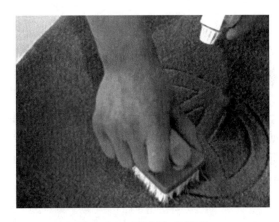 

图6-11　干洗汽车脚垫　　　　图6-12　水洗汽车脚垫

拆卸有脚垫扣的脚垫要小心损坏脚垫固定扣,放回脚垫时必须将脚垫扣复位。对于不了解脚垫材质的,作业时可在不显眼的地方做局部清洗实验,无问题后方可进行全面清洗。

### 三、学习拓展

汽车内饰清洁维护内容可对接"1+X"汽车专业领域职业技能等级证书汽车运用与维修职业技能等级证书1——8【汽车美容装饰与加装改装服务技术模块】。

汽车美容装饰与加装改装服务技术(初级)职业技能工作任务——内饰清洁维护见表6-3。

汽车美容装饰与加装改装服务技术(初级)
职业技能工作任务——内饰清洁维护　　　　表6-3

| 工作领域 | 工作任务 | 职业技能 | 技能要求 | 知识要求 |
| --- | --- | --- | --- | --- |
| 汽车美容装饰与加装改装服务技术（初级） | 内饰清洁维护 | 1.1 吸尘 | 1.1.1 能按照标准流程对内饰进行吸尘作业<br>1.1.2 能按要求清洗内饰 | 1.1.1 吸尘作业流程知识<br>1.1.2 吸尘设备使用知识 |
| | | 1.2 顶篷清洁 | 1.2.1 能按照标准流程对顶篷进行清洁作业<br>1.2.2 能按要求清洗工具及合理选用清洗剂 | 1.2.1 顶篷清洁作业流程知识<br>1.2.2 清洗工具及清洗剂选用知识 |
| | | 1.3 仪表台的清洁 | 1.3.1 能按照标准流程对仪表台进行清洁作业<br>1.3.2 能按要求清洗工具及合理选用清洗剂 | 1.3.1 仪表台清洁作业流程知识<br>1.3.2 清洗工具及清洗剂选用知识 |
| | | 1.4 排挡区置物箱清洁 | 1.4.1 能按照标准流程对排挡区和置物箱进行清洁作业<br>1.4.2 能按要求清洗工具及合理选用清洗剂 | 1.4.1 排挡区和置物箱清洁作业流程知识<br>1.4.2 清洗工具及清洗剂选用知识 |
| | | 1.5 皮革座椅清洁 | 1.5.1 能按照标准流程对座椅进行清洁作业<br>1.5.2 能按要求清洗工具及合理选用清洗剂 | 1.5.1 座椅清洁作业流程知识<br>1.5.2 清洗工具及清洗剂选用知识 |
| | | 1.6 转向盘的清洁维护 | 1.6.1 按照标准流程对转向盘进行清洁作业<br>1.6.2 要求清洗工具及清洗剂选用合理 | 1.6.1 转向盘清洁作业流程知识<br>1.6.2 清洗工具及清洗剂选用知识 |

续上表

| 工作领域 | 工作任务 | 职业技能 | 技能要求 | 知识要求 |
|---|---|---|---|---|
| 汽车美容装饰与加装改装服务技术（初级） | 内饰清洁维护 | 1.7 喷保护剂 | 1.7.1 能按照标准流程对清洁表面喷涂保护剂<br>1.7.2 能合理选用保护剂类型 | 1.7.1 保护剂类型选用知识<br>1.7.2 保护剂的选用方法 |
| | | 1.8 车门内衬清洁维护 | 1.8.1 能按照标准流程对车门内衬进行清洁养护作业<br>1.8.2 能按要求清洗工具及合理选用清洗剂 | 1.8.1 车门内衬清洁作业流程知识<br>1.8.2 清洗工具及清洗剂选用知识 |
| | | 1.9 脚踏板清洁 | 1.9.1 能按照标准流程对脚踏板进行清洁作业<br>1.9.2 能按要求清洗工具及合理选用清洗剂 | 1.9.1 脚踏板清洁作业流程知识<br>1.9.2 清洗工具及清洗剂选用知识 |
| | | 1.10 地毯脚垫清洁维护 | 1.10.1 能按照标准流程对地毯、脚垫进行清洁维护作业<br>1.10.2 能按要求清洗工具及合理选用清洗剂 | 1.10.1 地毯、脚垫清洁作业流程知识<br>1.10.2 清洗工具及清洗剂选用知识 |

## 四、评价与反馈

1. 自我评价

(1) 通过对本学习任务的学习，你是否已经知道以下问题的答案：

① 汽车美容的作用是什么？

② 塑料、皮革清洁保护蜡的主要作用有哪些？

(2) 汽车内饰清洁维护注意事项：

_____

_____。

(3) 实训过程完成情况如何？

_____

_____。

(4) 通过对本学习任务的学习，你认为自己的知识和技能还有哪些欠缺？

_____

_____。

签名：_____  _____年____月____日

2. 小组评价

小组评价表见表6-4。

小组评价表　　　　　　　　　　　　表6-4

| 序号 | 评价项目 | 评价情况 |
| --- | --- | --- |
| 1 | 着装是否符合要求 | |
| 2 | 能否合理规范地使用仪器和设备 | |
| 3 | 是否按照安全和规范的流程操作 | |
| 4 | 是否遵守学习、实训场地的规章制度 | |
| 5 | 能否保持学习、实训场地整洁 | |
| 6 | 团结协作情况 | |

参与评价的同学签名：_____  _____年____月____日

3. 教师评价

_____

_____。

签名：_____  _____年____月____日

**五、技能考核标准**

技能考核标准见表6-5。

## 项目三　汽车室内清洁维护

技能考核标准表　　　　　　　　　　　　　　　　　　表 6-5

| 序号 | 项目 | 操作内容 | 规定分 | 评分标准 | 得分 |
|---|---|---|---|---|---|
| 1 | 安全 7S 态度 | 1. 能进行工位 7S 操作；<br>2. 能进行设备和工具安全检查；<br>3. 能进行车辆安全防护操作；<br>4. 能进行工具清洁、校准、存放操作；<br>5. 能进行"三不落地"操作 | 15 | 未完成 1 项扣 3 分,扣分不得超过 15 分 | |
| 2 | 专业技能能力 | 1. 能按照标准流程对内饰进行吸尘作业；<br>2. 能按照标准流程对顶篷进行清洁作业；<br>3. 能按照标准流程对座椅进行清洁护理、安全带清洁作业；<br>4. 能按照标准流程对门边板、仪表台进行清洁作业；<br>5. 能按照标准流程对地毯清洁、车厢进行清洁等作业；<br>6. 能按照标准流程对行李舱进行清洁作业；<br>7. 能按照标准流程对脚垫进行清洗作业 | 50 | 未完成 1 项扣 8 分,扣分不得超过 50 分 | |
| 3 | 工具及设备的使用能力 | 1. 能正确使用吸尘器；<br>2. 能正确使用内饰毛巾组合；<br>3. 能正确选用清洗工具；<br>4. 能正确选用清洗剂和上光保护剂；<br>5. 能正确使用擦拭工具 | 10 | 未完成 1 项扣 3 分,扣分不得超过 10 分 | |
| 4 | 资料及信息的查询能力 | 1. 能正确使用维修手册查询资料；<br>2. 能在规定时间内查询所需资料；<br>3. 能正确记录所查询资料章节页码；<br>4. 能正确记录所需维修信息 | 10 | 未完成 1 项扣 5 分,扣分不得超过 10 分 | |

续上表

| 序号 | 项目 | 操作内容 | 规定分 | 评分标准 | 得分 |
|---|---|---|---|---|---|
| 5 | 分析判断能力 | 1. 能正确判断内饰污染程度；<br>2. 能正确判断污渍是否被擦净，是否有污渍残留；<br>3. 能正确判断哪些地方容易污染，正确选择工具和清洁方法 | 10 | 未完成1项扣5分,扣分不得超过10分 | |
| 6 | 记录及撰写能力 | 1. 字迹清晰；<br>2. 语句通顺；<br>3. 无错别字 | 5 | 未完成1项扣2分,扣分不得超过5分 | |
| | | 总分 | 100 | | |

## 学习任务7 汽车室内空气净化

☆ **知识目标**

1. 了解常用汽车室内净化方式的特性；

2. 熟悉汽车室内空气净化的工艺流程和操作要领。

☆ **技能目标**

1. 能熟练使用汽车室内空气净化工具和设备；

2. 能按照标准流程进行汽车室内空气净化作业；

3. 能遵守日常车间安全规定，按照安全管理条例整理工具、设备和工作现场。

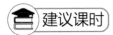

2课时

**任务描述**

汽车室内通常是一个密闭的环境，并且乘客的进出、上下及乘坐也经常会带入水、污泥、食品碎屑、油渍等污染物残留在室内，如果长时间不清洁处理，会滋生霉菌、病毒;驾乘人员抽烟也会有污染残留;这些都会对汽车室内环境造成污染,影响驾乘人员的身体健康。所以,需定期对汽车室内进行清洁。

本次学习任务就是在完成汽车内饰全面深度清洁维护的基础上,对车辆进行室内空气净化处理,对内饰件表面和室内空气进行全面深度消毒杀菌处理,保证室内乘坐环境健康清新。

## 一、理论知识准备

### (一)常用空气净化的方法

目前,汽车消毒杀菌的方法主要有以下几种:化学消毒法、臭氧消毒法、蒸气消毒法、离子消毒法、催化转换器消毒法、活性炭消毒法,下面就为大家简要介绍以下几种消毒杀菌方法的优点和缺点。

1. 化学消毒法

化学消毒法利用消毒剂喷洒、擦拭车内的内饰部件,通过化学作用达到消毒杀菌的目的。化学消毒法的优点是操作简单易行,病菌杀灭比较彻底;化学消毒法的缺点是消毒剂容易留下残留物,并产生气味。同时,一般的消毒剂本身就具有腐蚀性和漂白性,使用不当会对车内部件如皮质和金属等有一定程度的损害。

2. 臭氧消毒法

臭氧消毒法利用汽车专用消毒机产生的高浓度臭氧输送到车内进行消毒杀菌。臭氧是一种高效、快速的杀菌剂,可以杀灭多种病菌和微生物。臭氧消毒法的优点是短时间内即可彻底消灭病菌,且不会残留任何有害物质。车内残留的臭氧气味只需开窗通风一段时间即可消失;臭氧消毒法的缺点是如果长时间使用,会使车内橡胶件老化。

3. 蒸气消毒法

蒸气消毒法是指先用普通清洁剂进行室内清洁,并用保护剂或干洗护理产品进行内饰部件擦拭,清洁车室、地毯、脚垫、座套,再喷清洁剂、杀菌剂,最后用高温蒸气进行消毒。蒸气消毒法的优点是没有任何残留物质;蒸气消毒法的缺点是操作复杂,消毒时间过长,污染严重时效果不理想,此外蒸气可能对电子系统产生不良影响。

4. 离子消毒法

离子消毒法利用车载氧吧释放离子达到车内空气清新的目的。离子消毒法的优点是使用简单快捷;其缺点是它只是一种清新和净化空气的方式,空气净化过程缓慢,消毒杀菌不彻底。

### 5. 催化转换器消毒法

光催化剂"二氧化钛"见光后会产生正负电子,其与空气中的水分子和氧结合,分别会产生具有强有效杀菌能力的氢氧自由基和活性氧,分解车内常见的甲醛、氨和苯等化合物,并清除车内的漂浮细菌。催化转换器消毒的优点是消毒效果持久,费用较低;催化转换器消毒法的缺点是只在紫外线照射下才产生作用,有些车贴的太阳膜会阻隔紫外线,会影响催化转换器消毒的效果。

### 6. 活性炭消毒法

活性炭消毒法利用活性炭孔隙多的特点,对甲醛等有害物质进行吸附,颗粒越小吸附效果越好。活性炭消毒法的优点是简单易实现,且物理方法不会产生二次污染;活性炭消毒法的缺点是对病毒细菌等物质的效果有限。

**温馨提示:**

日常可以用75%的酒精可对面板、转向盘、操纵杆、扶手、门把手等部位消毒杀菌处理。用75%的酒精擦拭、喷洒后,应立即用洁净的半干毛巾擦拭一遍,以免留下印渍。用酒精消杀完毕后应保持通风换气,防止酒精蒸气过浓,引发火灾。

勿用二氧化氯、84消毒液、次氯酸等材料进行汽车室内消毒,这类材料挥发会刺激驾乘人员的呼吸道,使用不当会对PVC(聚氯乙烯)等皮革材料造成腐蚀。

## (二)设备工具的选用

### 1. 臭氧消毒机的功能

图7-1 汽车臭氧消毒

如图7-1所示,汽车臭氧消毒机通过高压放电作用电离空气中的氧气生成臭氧($O_3$),具有良好的杀菌、除臭功能,净化车内空气,消除烟臭、霉味,丰富的负离子可分解苯及一氧化碳等有毒气体,消除通风不良、潮湿、秽物等各种异臭气味。臭氧是不稳定气体,很快就会分解为氧气(空气中的半衰期为30min左右),所以建议打开车窗通风或消毒结束30min后驾乘人员再上车。请勿频繁使用臭氧消毒,长时间使用臭氧消毒会使车内橡胶老化。

**2. 臭氧消毒机的使用方法**

(1)将汽车臭氧消毒机放置在平稳、散热良好的位置(图7-1);

(2)打开电源后,机器面板上的电源指示灯亮;

(3)按照使用说明将定时器的计时器调到所需的工作时间(不多于30min);

(4)放置好臭氧输送软管(伸入车窗内5~10cm);

(5)打开臭氧启动开关,汽车臭氧消毒器工作指示灯亮,汽车臭氧消毒机器产生臭氧;

(6)工作完成后,臭氧计时器将自动关闭;

(7)关闭电源,收起臭氧输送管,将臭氧消毒机放回原位,摆整齐。

**3. 臭氧消毒机使用注意事项**

(1)维护必须在无电、无压力的情况下进行;

(2)定期检查电气线路的绝缘情况,并且确保输送臭氧的软管无泄漏;

(3)汽车臭氧消毒机连续工作时间不能超过4h;

(4)切勿堵塞或覆盖汽车臭氧消毒机通风口。

## 二、任务实施

**1. 准备工作**

1)工位准备

要求工位无闲杂人等,无杂物,车辆通行顺畅,通风排水顺畅;检查水、电、气等是否正常供给。

2)安全防护

按规范穿戴好工作服、劳保鞋、手套等安全防护用品,做好个人安全防护。

3)工具设备材料准备

施工前应准备好所有工具设备和材料,清单参见表7-1。

汽车臭氧消毒工具设备和材料清单　　　　　　　　表7-1

| 序号 | 设备名称 | 检查要求 | 检查频率 | 检查人员 |
| --- | --- | --- | --- | --- |
| 1 | 臭氧消毒机 | 工作平稳,臭氧产生及输送顺畅 | 定期检查 | 自查 |

续上表

| 序号 | 设备名称 | 检查要求 | 检查频率 | 检查人员 |
|---|---|---|---|---|
| 2 | 大号擦车毛巾 | 洁净、干燥、无异味、无污渍 | 定期检查 | 自查 |
| 3 | 工具车 | 每人一辆,施工时随身摆放,包括洗车毛巾、毛刷等 | 每车一次 | 自查 |
| 4 | 喷水壶 | 水雾均匀 | 每次检查 | 自查 |

**2. 技术要求与注意事项**

(1) 室内消毒前必须将室内外彻底清洁干净;

(2) 臭氧具有很强的氧化性,作业时臭氧管应和车内部件保持30cm以上的距离,严禁臭氧直接吹在座椅或仪表盘上;

(3) 全面彻底消毒,彻底消除异味;

(4) 提醒驾乘人员,消毒结束30min后再上车。

**3. 操作步骤**

1) 接车

把车辆移入施工区,检查内饰,提醒客户保管车内贵重财物,声明根据作业需要,将车内物品临时放入收纳整理箱内,告知交车时间。

2) 清洗车辆

(1) 清洗汽车外部(具体步骤参照任务三);

(2) 清洁汽车室内(具体步骤参照任务六)。

3) 消毒准备

(1) 起动车辆;

(2) 将空调调至内循环模式(图7-2);

(3) 专用喷壶向车内前后脚垫喷水雾;

(4) 左(右)前车窗开启1.5cm,插入臭氧管(插入车内5cm,图7-3),用大毛巾遮挡车窗缝隙。

4) 开启臭氧消毒机

(1) 接入电源;

(2) 设定工作时间为5~10min(图7-4);

图7-2 将空调调至内循环模式

(3)打开起动开关。

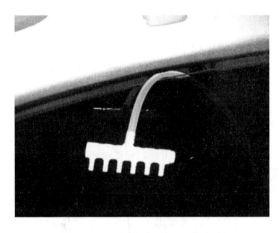
图7-3　开启车窗,插入臭氧管

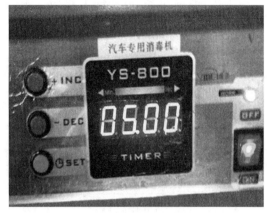
图7-4　设定工作时间

5)消毒结束,整理设备

(1)时间到,消毒完成提示音响起,关闭电源;

(2)收好臭氧管;

(3)将臭氧机归位。

6)质检

消毒彻底、异味彻底消除。

7)交车

(1)质检合格后铺设上车脚垫;

(2)通知客户、结算;

(3)陪客户现场对所作项目效果进行介绍;

(4)提醒客户"消毒结束0.5h后再上车"。

### 三、学习拓展

光催化转换器室内消毒杀菌具体操作如下:

1. 准备工作

1)工位准备

要求工位无闲杂人等,无杂物,车辆通行顺畅,通风排水顺畅;检查水、电、气等是否正常供给。

2)安全防护

按规范穿戴好工作服、劳保鞋、手套等安全防护用品,做好个人安全防护。

3）工具设备材料准备

施工前应准备好所有工具设备和材料,清单参见表7-2。

光催化转换器室内消毒杀菌设备工具和材料清单    表7-2

| 序号 | 工具材料 | 使用说明 |
| --- | --- | --- |
| 1 | 洗车工具设备 | 汽车外部清洗、室内清洁 |
| 2 | 光催化转换器消毒机 | 汽车室内消毒杀菌 |
| 3 | 遮蔽薄膜、遮蔽胶带 | 遮蔽车窗玻璃等 |
| 4 | 光催化转换器 | 消毒剂 |

2.技术要求与注意事项

(1)在操作中,避免光催化转换器与皮肤接触,更不要与车内其他物品接触。因此,在选择光催化转换器施工时,尽量将车内的小东西清理出车内,尤其是食物,避免光催化转换器喷雾喷洒在这些物品上造成污染。

(2)喷涂完毕后关闭车门窗进行反应,大约10min。施工结束后,最好把车辆停在阳光下,加速光催化转换器的后续反应。

3.操作步骤

1）车辆准备

牵引车辆至洗车区,参照任务三的步骤进行汽车外部清洗。

2）内饰清洁

为确保光催化转换器最终效果,需对施工区域进行彻底的清洁,首先要使用吸尘器将车内的缝隙位置进行吸尘,清除车内的异物;其次,使用车辆内饰清洁专用的万能清洁剂对内饰进行清洁。用柔软且干净的毛巾配合稀释好的万能清洁剂清洁,对较脏部位可用软毛刷重点清洁。

3）遮蔽

清洁完成后,用准备好的薄膜覆盖车窗玻璃、前后风窗玻璃及中控台、仪表板等内饰件,避免光催化转换器的化学成分对玻璃、中控台的塑料材质等造成伤害。

4）光催化转换器施工

遮蔽完成后,用吸尘器再将车内的细小位置进行一次吸尘,以保证车内处于无尘状态。随后,选用适当的光催化转换器产品对车内进行光催化转换器喷涂工作。

对车内进行第一遍大面积喷涂工作,对车内的内饰件、地板、车门、车顶等内饰部位进行喷涂(图7-5)。如果车内饰件表面出现白点或者某些部位喷涂的喷雾过厚,应在溶剂未干之前将其擦拭干净。

图7-5　第一遍全面喷涂

对内饰区域进行光催化转换器的施工操作流程是从上往下、由内至外地喷涂,反复喷涂。每一道喷涂间隔3~4min的闪干时间。

在车内第一遍喷涂完成大约5min后,再开始第二遍的喷涂工作(图7-6)。这次的喷涂主要是对车内一些细小的部位,例如门框边缘、座椅的边缘这些日常不会注意到的部位。

同样经过5min的闪干时间后,进行第三遍精细喷涂(图7-7),将第一遍和第二遍已经喷涂过的位置再进行加固,这样能有效地保证车辆内部全面彻底消毒杀菌、去除异味和甲醛。打开车门和车窗,空调开置外循环并将空调挡开到最大,循环5~10min,保证车内喷涂的效果。

图7-6　第二遍边缝处的喷涂

图7-7　第三遍精细喷涂

5)撤除保护设施

在完成光催化转换器的全部操作后,撤除喷涂前设置的保护设施,将车辆恢复原样。

## 四、评价与反馈

1. 自我评价

(1) 通过对本学习任务的学习,你是否已经知道以下问题的答案:

① 汽车室内污染源主要有哪些?

_____

_____。

② 汽车室内消毒方式主要有哪些?

_____

_____。

(2) 描述汽车室内臭氧消毒的注意事项。

_____

_____。

(3) 实训过程完成情况如何?

_____

_____。

(4) 通过对本学习任务的学习,你认为自己的知识和技能还有哪些欠缺?

_____

_____。

签名:_____ _____年___月___日

2. 小组评价

小组评价表见表7-3。

小组评价表  表7-3

| 序号 | 评价项目 | 评价情况 |
| --- | --- | --- |
| 1 | 着装是否符合要求 |  |
| 2 | 能否合理规范地使用仪器和设备 |  |
| 3 | 是否按照安全和规范的流程操作 |  |
| 4 | 是否遵守学习、实训场地的规章制度 |  |
| 5 | 能否保持学习、实训场地整洁 |  |
| 6 | 团结协作情况 |  |

签名:_____ _____年___月___日

## 3. 教师评价

_____

签名：_____　_____年___月___日

## 五、技能考核标准

技能考核标准见表7-4。

技能考核标准表　　　　　　　　　　　　表7-4

| 序号 | 项目 | 操作内容 | 规定分 | 评分标准 | 得分 |
|---|---|---|---|---|---|
| 1 | 安全7S态度 | 1. 能进行工位7S操作；<br>2. 能进行设备和工具安全检查；<br>3. 能进行车辆安全防护操作；<br>4. 能进行工具清洁、校准、存放操作；<br>5. 能进行"三不落地"操作 | 15 | 未完成1项扣3分,扣分不得超过15分 | |
| 2 | 专业技术能力 | 1. 能正确起停车辆；<br>2. 能正确开启空调内循环模式；<br>3. 能按照标准流程对车辆室内进行深度清洁作业；<br>4. 能正确使用喷壶向车内前后脚垫喷洒适量水雾；<br>5. 能按照标准流程正确操作臭氧消毒机,臭氧管伸入车内位置正确；<br>6. 门窗缝隙遮挡正确,不漏气；<br>7. 能按照操作规程正确设定消毒时间；<br>8. 能按照标准流程正确关停臭氧消毒机 | 50 | 未完成1项扣8分,扣分不得超过50分 | |
| 3 | 工具及设备的使用能力 | 1. 能正确使用吸尘器等清洁设备；<br>2. 能正确使用内饰清洗工具；<br>3. 能正确使用臭氧消毒机 | 10 | 未完成1项扣5分,扣分不得超过10分 | |

续上表

| 序号 | 项目 | 操作内容 | 规定分 | 评分标准 | 得分 |
|---|---|---|---|---|---|
| 4 | 资料及信息的查询能力 | 1. 能正确使用维修手册查询资料；<br>2. 能在规定时间内查询所需资料；<br>3. 能正确记录所查询资料章节页码；<br>4. 能正确记录所需维修信息 | 10 | 未完成 1 项扣 5 分,扣分不得超过 10 分 | |
| 5 | 分析判断能力 | 1. 能正确判断车内环境污染程度及主要污染源；<br>2. 能正确判断是否彻底清除污渍；<br>3. 能正确选择恰当的室内净化方式；<br>4. 能否正确判断净化效果 | 10 | 未完成 1 项 5 分,扣分不得超过 10 分 | |
| 6 | 记录及撰写能力 | 1. 字迹清晰；<br>2. 语句通顺；<br>3. 无错别字 | 5 | 未完成 1 项扣 2 分,扣分不得超过 5 分 | |
| | 总分 | | 100 | | |

# 项目四　发动机舱清洁维护

## 学习任务8　发动机舱清洁与护理

☆ **知识目标**

1.了解发动机舱污染物的形成及危害；

2.熟悉发动机舱的主要结构及部件；

3.熟悉清洗剂的选用和调配方法；

4.熟悉发动机部件清洁设备工具的使用工作原理及操作要领；

5.熟悉发动机舱清洁护理的工艺流程和注意事项。

☆ **技能目标**

1.能正确引导车辆进入工位；

2.能做好发动机舱电气元件的防护工作及有关安全防护；

3.能正确选用发动机舱清洁护理的材料和设备工具；

4.能熟练使用清洁工具和设备,并能够按照标准流程对发动机舱进行清洁护理作业；

5.能遵守日常车间安全规定,按照安全管理条例整理工具、设备和工作现场。

**建议课时**

2课时

在使用汽车时,润滑油工作过程中常会发生一定程度的"老化"、氧化和聚合,而这些残留物也往往容易附着在零部件的表面。发动机舱的污染以油性污染物为主,尘土、油污及各种酸碱物质特别容易附着在发动机体等部件上,这些物质会与金属产生氧化反应而腐蚀机件,润滑残留物是汽车发动机最常见的污渍。长期的高温和氧化作用还易使发动机的橡胶、塑料制品因老化而失去弹性,

进而产生龟裂,严重时还会导致发动机故障。油污严重会影响发动机散热,如果再有电线老化产生火花,在炎热的夏季,很容易发生汽车自燃。故应及时对发动机舱进行清洁维护。

本次学习任务就是对发动机舱进行彻底清洁,洗净污物和顽渍,不留死角。

## 一、理论知识准备

### (一)汽车发动机舱清洁工作

发动机是汽车的心脏,是全车最关键的部分。发动机长期使用会沾染许多灰尘泥土,容易吸收水分和油性物质,黏附在发动机表面,影响发动机的美观,如不及时清除,还会对发动机的某些部件产生腐蚀作用,导致发动机故障(图8-1)。发动机美容是采用专业美容清洁用品对发动机及其附件进行清洗和维护,以有效延长其使用寿命的一种汽车美容操作工艺。对于发动机舱的清洁维护等美容项目,主要的工作有三个方面:一是油污清除;二是锈渍处理;三是发动机电器电路部分清洗。

图8-1 脏污的发动机舱

1. 油污清除

发动机清洗可采用多种方法,清洗产品也很多,但不可用汽油清洗。使用的清洗剂需要注意三点:一是碱性小,不可腐蚀外涂银粉、清漆或漆面;二是使用方便,除油彻底;三是使用经济,成本低。专业的汽车发动机清洁剂应具有良好生物降解功能的阳离子表面活性剂,虽然有碱性成分,但因加入了碱性抑制剂,因此,能更好地清洁而不伤及漆面。使用时,应先将发动机表面用清水润湿,然后喷涂上汽车发动机清洁剂,停留2~3min后,用高压水枪冲洗。对于极脏的污垢处,可先用毛刷蘸取清洗剂进行刷洗。发动机应至少两周清洗一次,才能充分保护发动机,提高行车的安全系数。

2. 锈渍处理

生锈是一个缓慢的氧化过程。开始时金属制品表面可能出现一些细小的斑点。然后点逐渐扩大,颜色变深,形成片状或一层层的锈渍,这时就形成了严重的锈蚀。发动机的表都涂有漆或银粉,对于新车来说,因为出厂后不一定马上到达用户手中,都要经过一段时间运输,还要经过汽车销售场的停放。用户接车后,有的已经发生了锈蚀。因此,最好在购车后马上进行防锈处理。

对于锈渍的处理,首先应将锈迹消灭在萌芽状态。即在发现锈斑时(氧化形成的小斑点),就必须进行除锈处理。将除锈剂稀释后喷涂到生锈表面,停留5~10min后,用水充分冲去,严重的可以用毛刷辅助刷洗除锈。除锈完毕后,用多功能防腐润滑保护剂喷涂一层。最好在发动机整个外面都进行一次防锈处理,一般每年最好做两次防锈处理。

3. 发动机电器电路部分清洗

发动机的电器电路部分,包括继电器、点火线圈和分电器蓄电池等。这些部件的清洁,需要采用特定产品进行,如果长期用水和普通的清洁剂处理,只能加速生锈、老化,影响汽车正常起动和行驶。

专业的电子清洗剂,主要用于发动机电路清洁。擦干电器部分,然后再用电子清洗剂清洁处理电器电路部分。清洁后不必用水冲洗,只需擦干或任其自然干燥。因为此类产品为溶剂型,不溶于水。清洁后建议使用多功能防腐润滑剂喷涂一遍,其更具抗潮、排水、润滑等多项保护功能。

(二)汽车发动机舱清洁流程

1. 遮蔽保护

用遮蔽膜从发动机左翼子板经过中网,到右翼子板全部覆盖,防止操作时清洗剂附着车漆或工具擦花漆面,再用大毛巾对刮水器及风窗玻璃塑料附件进行遮蔽保护。然后对发动机进气口、蓄电池用遮蔽进行遮蔽保护,避免清洗时进气口进水,和蓄电池与水接触会发生短路。

2. 发动机深度清洁

发动机材料有较多塑料和铝制附件,在选择清洁产品时应注意尽量选择中性或弱酸、弱碱性清洁剂,常用的机头水属于强碱性,极易造成塑料件变色和腐蚀金属件发黑的现象。在发动机冲洗完毕后,用发动机专用清洁剂,按照从上往下、从左往右的顺序,先对发动机各个脏污地方进行均匀有效喷洒药液。等待1~2min,使用细节刷对各个线束、金属件、塑料件的各个污垢进行清理。对于手指很难伸触到的地方,可以借助长柄刷进行清洁,确保每个细节都被清理干净。如仍有顽固油垢、脏污,再次用发动机清洁剂配合细节刷再次清洗,直至发动机清洁干净为止。

### 3. 发动机吹水

清洗结束后，用气枪对发动机缝隙、边角进行吹水。主要针对蓄电池、线束的接头、电动机、熔断丝盒等敏感的元器件进行吹水。

### 4. 发动机保护上光

用通用型皮革真皮护理液体，对整个发动机均匀喷洒，喷洒结束后，用上光海绵对皮革真皮护理液体均匀涂抹擦拭即可。

**温馨提示：** 发动机未干燥以前，禁止起动车辆。

## （三）汽车发动机舱清洁护理工具及用品的选用

汽车发动机舱清洁护理工具及用品有毛巾、龙卷风、毛刷、吹尘枪、去油污剂、清洁剂、光亮剂等，其功能及使用方法见表8-1。

汽车发动机舱清洁护理用品功能及使用方法　　　　表8-1

| 序号 | 品名 | 图样 | 功能及使用方法 |
|---|---|---|---|
| 1 | 毛巾 |  | （1）具有良好的吸附泥沙的作用，用于擦拭发动机舱表面的污物。<br>（2）至少有两种颜色的擦拭毛巾，对于较脏或有油污的地方用棕色毛巾，其余地方可以使用另外一种颜色毛巾，以免混用 |
| 2 | 龙卷风 |  | （1）通过连接压缩空气，壶口产生虹吸效应，达到边喷清洗剂边刷洗发动机舱表面污垢效果。<br>（2）使用完后的龙卷风，不建议长时间存放清洗剂，否则，容易腐蚀部件造成堵塞 |
| 3 | 毛刷 |  | 根据发动机舱油污严重程度和所需要清洁护理区域空间情况，分别选用硬度不同的毛刷进行清洁护理 |

续上表

| 序号 | 品名 | 图样 | 功能及使用方法 |
|---|---|---|---|
| 4 | 吹尘枪 | | 通过连接压缩空气,对发动机舱表面区域进行吹尘和清洁 |
| 5 | 长嘴吹尘枪 | | 通过连接压缩空气,对发动机舱内部比较隐蔽的区域进行吹尘和清洁 |
| 6 | D-108 美光强力去油污剂 | | 美光强力去油污剂,用于发动机舱表面油污清除,采用喷壶与毛刷、毛巾等工具配合使用,清洁护理发动机舱内各部件表面 |
| 7 | D-101 美光全能清洁剂 | | 美光全能清洁剂,适用于发动机舱表面油污不严重清除,采用喷壶与毛刷、毛巾等工具配合使用,清洁护理发动机舱内各部件表面 |
| 8 | D-170 美光多功能浓缩光亮剂 | | 美光多功能浓缩光亮剂,适用于发动机舱表面上光,可以与喷壶或者海绵搭配使用 |

## 二、任务实施

### 1. 准备工作

1) 工位准备

要求工位无闲杂人等(图 8-2),无杂物,车辆通行顺畅,通风排水顺畅;检查水、电、气等是否正常供给。

图8-2 干净整洁的汽车美容车间

2)安全防护

按规范穿戴好工作服、劳保鞋、手套等安全防护用品,做好个人安全防护。

3)工具设备材料准备

施工前应准备好所有工具设备和材料,清单见表8-2。

汽车发动机舱清洁护理工具设备和材料清单　　　　表8-2

| 序号 | 设备名称 | 检查要求 | 检查频率 | 检查人员 |
| --- | --- | --- | --- | --- |
| 1 | 空气压缩机 | 环境通风,电源正常,机油正常处在红线标识上方 | 每日一次 | 小组轮查 |
| 2 | 压缩机储气罐 | 管道密封,通气阀打开 | 每日一次 | 小组轮查 |
| 3 | 汽车清洗车组合鼓 | 管道伸缩是否顺畅、无破损 | 每日一次 | 小组轮查 |
| 4 | 工具车 | 每人一辆,施工时随身摆放,所有工具、材料不落地 | 每车一次 | 自查 |
| 5 | 毛巾筐 | 分别摆放干净的毛巾、辅料和工具等 | 每车一次 | 自查 |
| 6 | 毛巾 | 棕色毛巾一条、其他区域擦拭毛巾一条 | 每车一次 | 自查 |
| 7 | 小毛刷 | 刷洗发动机舱边缝等污垢严重区域 | 每车一次 | 自查 |
| 8 | 各类清洗类产品 | 看里面液体剩余量,喷头是否畅通 | 每车一次 | 自查 |

2.技术要求与注意事项

(1)遮蔽前先使用吹气枪将发动机外表灰尘吹干净,然后先用干毛巾包扎,再用塑料袋包扎(以保证保护部件不被水渗湿)。

(2)发动机舱盖内侧,清洁如隔热隔音的棉垫破损处时,要小心清洁,可以在毛巾上喷洒内饰清洁剂擦拭。

(3)发动机舱内清洁操作前,要先检查发动机温度,如果温度高,可以用风枪吹进行散热,待冷却后开始清洁。

(4)发动机舱内确实清洁不到的部分可以使用化油清洁剂清洁。

(5)表面吹干使用吹气枪将清洁表面完全吹干,用干毛巾不断擦拭,保证表面完全干燥。

(6)上光护理喷完之后起动发动机,让其运转2~3min。在发动机运动状态下绝对不容许再喷洒WD-40或D-170,以免起火。

(7)自检发现问题要马上返工处理。

3. 操作步骤

发动机舱的清洁护理步骤流程如下。

1)接车

热情迎接客户,带领客户进入客户休息区休息。把车辆移入施工区,检查车身有无较新划伤及异常情况并及时通报(图8-3)。检查完成后,将车辆钥匙交给前台。填写施工单流程,并让客户同意签字。

图8-3 车身检查

2)检查

检视车容,检查是否有损伤及划痕;起动发动机,检查发动机运转是否正常平稳;检查仪表盘是否有故障灯亮,如有告知车主并做记录(图8-4);关闭发动机,打开发动机舱盖,检查发动机舱各部件有无破损(图8-5);检查电机分电盘、熔断丝盒、点火器部位有无破损;检查电器、电路、进气口有无明显破损;检查发动机外壳是否过热,如过热应稍等散热后再清洗。

图 8-4 检查仪表盘

图 8-5 检查发动机舱

3）吹尘

用吹气枪把发动机及周边线路表面的灰尘吹干净；对死角边缝地方可用加长嘴气枪进行操作（图 8-6），避免后续工序二次污染。

4）包扎

使用遮蔽纸贴在左右翼子板及前杠上，避免材料喷洒时不慎喷在表面而侵蚀车漆；然后使用塑料胶袋和干毛巾包扎发动机舱内各零件：熔断丝盒、发电机、行车计算机、电动机、高压包、进气口、分火头、刮水器条及有破损的电器部分（图 8-7）。

图 8-6 发动机舱吹尘

图 8-7 发动机舱零部件包扎

5）清洁

发动机舱盖内侧清洁：从上向下逐步清洁，由外向内逐步清洁。喷洒专用清洗产品，重油污处用 D-108 美光强力去油污剂，一般污垢用 D-101 美光全能清洁剂；发动机舱盖边油漆面重污油，可以用 D-101 美光全能清洁剂清洁（图 8-8）。

发动机舱内清洁：使用喷壶喷洒 D-101 美光全能清洁剂（4∶1）清洁剂到各个部件上，特别脏的死角边缝等地方可用长嘴喷壶喷洒 D-108 美光强力去油污剂(4∶1)达到点到点的清洁作用。等待 3~5min,让清洁剂对污渍溶解后,打开高压喷水枪喷洗发动机及其污秽处。对死角边缝等地方可用长嘴气枪进行加压净吹(图 8-9)。

图 8-8　发动机舱盖内清洁

图 8-9　发动机舱内龙卷风清洁

发动机舱室内精致清洁:使用牙刷、扁刷等辅助工具进行清洁,一遍清洁后仍然不干净的部分继续喷材料,多次清洁,直到干净;洗过的部分直接用毛巾擦拭、吹气枪吹干;发动机下部分使用长把刷伸到下面去清洁,边角缝隙部分使用毛刷辅助清洁,直到整个发动机部分完全清洁干净(图 8-10、图 8-11)。

图 8-10　发动机舱内长把刷清洁

图 8-11　发动机舱内毛刷清洁

6)吹干

用吹气枪吹干各部件积水,特别是电器接口、电路等(图 8-12)。拆除遮蔽部分,并用干洗方法清洁遮蔽部分。吹干拆除遮蔽的部件,必要时可拆下点火器、分电盘等吹干,为最后喷洒 D-170 美光多功能浓缩光亮剂做准备。

7)上光

上光护理,施工人员使用 WD-40 去除金属表面锈迹地方,对其表面进行防腐防锈处理;然后喷洒美光 D-170 美光多功能浓缩光亮剂于橡胶及金属部件表面,进行上光护理(图 8-13)。

图8-12 吹干发动机舱内部件

图8-13 发动机舱内部件上光护理

8)验收

技师对整个施工过程进行检查,然后通知质检人员检查(图8-14)。

9)交车

接待人员或店面技师向车主交车前进行项目施工后效果介绍,告知发动机舱护理注意事项后交车(图8-15)。

图8-14 施工完成后质检

图8-15 向客户交车

## 三、学习拓展

汽车发动机舱镀膜的施工流程如下。

### 1. 接车检查

接车检查由驻店技术主管执行。提醒客户是否有贵重物品,如有要随身携带。在接车前从左前翼子板开始,从左往右沿车一周检查外观,车漆、镀铬件、车标、前照灯、车窗玻璃等车身外观是否无缺失、完好无损,内饰真皮是否完好无损。如有异常情况,立即反馈并登记。妥善解决以后方可接车。

### 2. 遮蔽保护

用遮蔽膜从发动机左翼子板经过中网,到右翼子板全部覆盖,防止操作时清洗剂附着车漆或工具擦花漆面,再用大毛巾对刮水器及风窗玻璃塑料附件进行遮蔽保护。然后对发动机进气口、蓄电池进行遮蔽保护,避免清洗时进气口进水和蓄电池与水接触短路。

3. 发动机冲洗

发动机冲洗顺序按照,从上往下、从左往右,依次进行。先冲洗发动机舱盖,发动机舱盖一般下面会有一层隔音棉,在冲洗时不能用高压水枪直接冲洗,应把水枪调整雾化状态,用扇形在 1m 以外较远的距离进行冲洗。发动机舱盖冲洗完毕后,进行发动机冲洗,冲洗时高压水枪对应避免电动机、进气口、蓄电池、线束接头的直接冲洗,避免造成电路短路或其他故障。冲洗时应着重对油污、铁锈重点清洗。由于发动机线束边角太多,应注意各个细节应冲洗到位,方便做下一步的细节处理,提高工作效率。如果车况较差,应放弃使用高压水枪清洗。改用软水清洗发动机。

4. 发动机深度清洁

发动机材料有较多塑料和铝制附件,在选择清洁产品时应注意尽量选择中性或弱酸、弱碱性清洁剂,常用的机头水属于强碱性,及易造成塑料件变色和腐蚀金属件发黑的现象。在发动机冲洗完毕后,用发动机专用清洁剂,按照从上往下、从左往右的顺序,对发动机各个脏污地方进行均匀有效喷洒药液。等待 1～2min,使用细节刷对各个线束、金属件、塑料件的各个污垢进行清理。对于手指很难伸触到的地方,可以借助长柄刷进行清洁,确保每个细节都被清理干净。

5. 二次冲洗

用发动机专用清洁剂进行深度清洁后,用水枪或软水对清洁后的污垢进行冲洗,冲洗时高压水枪对应避免电动机、进气口、蓄电池、线束接头的直接冲洗,要避免造成电路短路或其他故障。如仍有顽固油垢、脏污再次用发动机清洁剂配合细节刷再次清洗,直至发动机清洁干净为止。

6. 发动机吹水

清洗结束后,用气枪对发动机缝隙、边角进行吹水。主要针对蓄电池、线束的接头、电动机、熔断丝盒等敏感的元器件。

7. 发动机镀膜

将发动机镀膜液以雾状均匀喷洒在机舱内部件上,特别是边角地方,不容易观察,注意深处的线路,管路也要覆盖到。注意刮水器下护板及附件也要喷洒到。喷洒完成后起动发动机,怠速5min后熄火。

**8. 固化镀膜**

起动汽车让镀膜剂受热干燥,防止二次进水,让膜自然渗透发动机各部件,进行深度的维护。发动机起动状态禁止触摸、擦拭。

**9. 擦膜**

镀膜剂干燥后,关闭发动机。用发动机镀膜专用毛巾对发动机舱各部件擦拭,保证发动机塑胶件及金属件色泽一致。

**10. 质检**

质检合格后填写施工单后交车。

## 四、评价与反馈

**1. 自我评价**

(1)通过对本学习任务的学习,你是否已经知道以下问题的答案:

①发动机舱清洁维护的作用是什么?

_____

_____。

②去污剂、清洁剂、上光蜡等材料的主要作用分别有哪些?

_____

_____。

(2)发动机舱清洁维护注意事项:

_____

_____。

(3)实训过程完成情况如何?

_____

_____。

(4)通过对本学习任务的学习,你认为自己的知识和技能还有哪些欠缺?

_____

_____。

签名:_____　　_____年____月____日

**2. 小组评价**

小组评价表见表8-3。

小组评价表  表 8-3

| 序号 | 评价项目 | 评价情况 |
|---|---|---|
| 1 | 着装是否符合要求 | |
| 2 | 能否合理规范地使用工具和设备 | |
| 3 | 是否按照安全和规范的流程操作 | |
| 4 | 是否遵守学习、实训场地的规章制度 | |
| 5 | 能否保持学习、实训场地整洁 | |
| 6 | 团结协作情况 | |

参与评价的同学签名：_____　_____年___月___日

3. 教师评价

_____。

签名：_____　_____年___月___日

## 五、技能考核标准

技能考核标准见表 8-4。

技能考核标准表  表 8-4

| 序号 | 项目 | 操作内容 | 规定分 | 评分标准 | 得分 |
|---|---|---|---|---|---|
| 1 | 安全 7S 态度 | 1. 能进行工位 7S 操作；<br>2. 能进行设备和工具安全检查；<br>3. 能进行车辆安全防护操作；<br>4. 能进行工具清洁、校准、存放操作；<br>5. 能进行"三不落地"操作 | 15 | 未完成 1 项扣 3 分，扣分不得超过 15 分 | |
| 2 | 专业技能能力 | 1. 能正确打开发动机舱盖并进行吹尘、清理杂物；<br>2. 能正确调配清洗液；<br>3. 能正确对发动机舱各部件进行保护；<br>4. 能正确喷洒清洗液；<br>5. 能正确进行发动机舱各部件擦洗 | 50 | 未完成 1 项扣 10 分，扣分不得超过 50 分 | |

续上表

| 序号 | 项目 | 操作内容 | 规定分 | 评分标准 | 得分 |
|---|---|---|---|---|---|
| 3 | 工具及设备的使用能力 | 1. 能正确使用吹尘枪；<br>2. 能正确使用龙卷风；<br>3. 能正确选用清洗工具；<br>4. 能正确选用清洗剂和防护剂；<br>5. 能正确使用擦拭工具 | 10 | 未完成1项扣5分，扣分不得超过10分 | |
| 4 | 资料及信息的查询能力 | 1. 能正确使用维护手册查询资料；<br>2. 能在规定时间内查询所需资料；<br>3. 能正确记录所查询资料章节页码；<br>4. 能正确记录所需维护信息 | 10 | 未完成1项扣5分，扣分不得超过10分 | |
| 5 | 分析判断能力 | 1. 能判断发动机舱各部件是否遮蔽包扎妥当；<br>2. 能判断发动机舱各部件是否清洗干净 | 10 | 未完成1项扣5分，扣分不得超过10分 | |
| 6 | 记录及撰写能力 | 1. 字迹清晰；<br>2. 语句通顺；<br>3. 无错别字 | 5 | 未完成1项扣2分，扣分不得超过5分 | |
| | | 总分 | 100 | | |

# 项目五　汽车漆面美容维护

## 学习任务9　汽车漆面认知

### 学习目标

☆ **知识目标**

1. 熟悉汽车漆面涂层的结构层次;
2. 熟悉漆面涂层材料的性能特点。

☆ **技能目标**

1. 能准确判断汽车漆面涂层的层次结构;
2. 能正确分析各漆层的涂层材料性能特点及作用。

### 建议课时

2 课时

### 任务描述

汽车漆面是汽车最外层的保护层,也起到装饰作用。但是汽车使用环境很复杂,汽车表面的漆层会受到太阳光的照射而老化失色,会因空气中沙尘的摩擦而失光,也会因为剐蹭或碰撞而破损,会受到酸碱性污染物的侵蚀而变色。所以,我们需要定期对漆面进行维护或修复,使其恢复如新,恢复原有的靓丽光泽和保护作用。

本次学习任务就是掌握汽车漆面知识,准确判断汽车漆面涂层的层次结构;正确分析各漆层的涂层材料性能特点及作用。

### 一、理论知识准备

#### (一)汽车漆面涂层的作用

汽车漆面涂层作为汽车的外衣,主要有以下几方面的作用。

## 1. 保护作用

从主体上讲,制造汽车90%用的是钢材,若无油漆涂层的保护就容易腐蚀(图9-1),会影响汽车使用性能和使用寿命。汽车涂层可以保护爱车不受到腐蚀,同时还具有高耐划伤性、弹性、耐污染性等性能,对车身有很好的保护作用。

图9-1 汽车车身腐蚀

## 2. 装饰作用

汽车表面上涂上各种颜色鲜艳的涂料,显得美观大方,明快舒畅,给人以美的感受,还彰显了车辆的个性,如图9-2所示。

图9-2 汽车车漆的装饰效果

## 3. 标识作用

汽车油漆的颜色可标识该汽车的种类和作用,如邮政车为绿色,救护车一般为白色,消防车为红色,警车为蓝白相间等,如图9-3所示。

图9-3 警车和消防车

## (二)汽车漆面涂层的性能

汽车常年经历春夏秋冬的历练,经受风吹日晒、尘土、油污、酸碱污渍、潮湿等侵蚀,故对汽车漆的性能要求极高,具体要求如下。

### 1. 外观装饰

汽车面漆如人们的衣服,应给人美的感受,有良好的视觉效果,具有光彩亮丽的外观装饰性,且能表现出车的性能和档次,彰显车主的个性。

### 2. 硬度和抗崩裂性

汽车面漆涂膜应坚硬耐磨,以保证涂层在汽车行驶中经受路面砂石的冲击和在擦洗车身时不产生划痕、裂纹。

### 3. 耐候性

按有关标准,要求汽车用面漆涂层在热带地区长期暴晒不少于12个月后,只允许极轻微的失光和变色,不得有起泡、开裂和锈点。

### 4. 耐潮湿性和防腐蚀性

涂过面漆的工件浸泡在40~50℃的温水中,暴露在相对湿度较高的空气中,面漆应不起泡、不变色或不失光。整个涂装体系具有较强的防腐蚀性。

### 5. 耐药剂性

面漆涂层在使用过程中,若与蓄电池酸液、润滑油、制动液、汽油、各种清洗剂和路面沥青等直接接触,擦净后接触面不应变色或失光,也不应产生带色的印迹。

### 6. 施工性

在大量流水生产中,面漆的涂布方法多采用自动喷涂或静电喷涂,烘干温度一般为120~140℃,时间为30~40min为宜。在装饰性要求高时,面漆涂层应具有优良的抛光性能,这样才能满足汽车在使用中对漆面光泽度翻新的要求。

## (三)汽车油漆的组成

汽车油漆一般有四种基本成分:成膜物质(树脂)、颜料(包括体质颜料)、溶剂和添加剂。

### 1. 成膜物质

成膜物质是油漆的主体成分,其作用是使颜料保持明亮状态,使之坚固耐久并能黏附在物体表面,是决定油漆类型的物质。成膜物质一般由干性油或半干性油改性的天然树脂(如松香)、人造树脂(如失水苹果酸树脂)、合成树脂类(如甲基丙烯酸甲酯、聚氨基甲酸乙酯、聚苯乙烯、聚氯乙烯等)制成。通常通过添加增塑剂和催化剂来调整、改进它的耐久性、附着力、防蚀性、耐磨性和韧性。

## 2. 颜料

颜料是油漆中两种不挥发物质之一,如图9-4所示。它赋予面漆色彩和耐久性,同时使油漆具有遮盖力,并提高强度和附着力,改变光泽,改善流动性和涂装性能。

图9-4 各色颜料

## 3. 溶剂

溶剂是油漆中的挥发成分,它的主要作用是能够充分溶解漆膜中的树脂,使油漆能正常喷涂。优质的溶剂能改善面漆的涂抹性能和漆膜特性,增强光泽,减少油漆网纹,从而减少抛光工作量,同时也有助于更精确地配色。除了油漆中已有的溶剂外,还用作稀释油漆的稀释剂,可使油漆黏度适合喷涂要求。

## 4. 添加剂

近十多年来,油漆工艺发生了巨大的变化,添加剂的使用也越来越常见。虽然添加剂在油漆中的比例不超过5%,但它们起着各种重要作用。有能加速干燥并增强光泽的固化剂,有减缓干燥速度的缓凝剂,还有能减弱光泽的消光剂,有些添加剂起的是综合作用:即减少起皱、加速干燥、防止发白、提高耐化学物质的能力。

### (四)汽车漆涂层结构

汽车原厂漆的涂层结构由磷化层、电泳层、色漆层、清漆层等涂层组成,涂层结构如图9-5、图9-6所示。

### 1. 磷化层

磷化层是车身上涂上一层磷酸锌材料,在基材表面形成的一层磷化膜,以增强防锈能力以及涂料的附着力。

项目五　汽车漆面美容维护

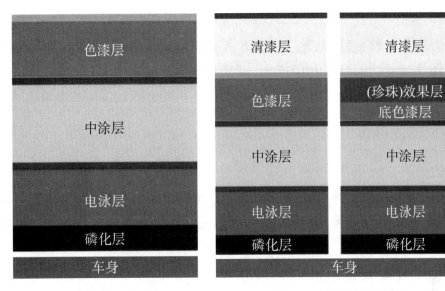

图 9-5　素色漆涂层结构图　　　　图 9-6　金属漆涂层结构

## 2. 电泳层

电泳层是利用电泳工艺在车身表面涂上一层底漆,在电解槽内进行电解处理,使涂料粒子在电场力作用下在车身表面沉积成膜,主要作用是防腐蚀图9-7所示为汽车电泳。

图 9-7　汽车电泳

## 3. 中涂层

中涂层是非常重要的涂层,中涂漆覆盖于车身所有外表面,能吸收砂砾等对漆面的冲击力,加强底漆与面漆之间的附着力,对电泳表面有良好的填充作用。

## 4. 色漆层

在整个涂层中发挥着主要的装饰和保护作用,决定了涂层的耐久性能和外观等。汽车面漆可以使汽车五颜六色,焕然一新。

### 5. 清漆层

清漆层理化学性能稳定,除了使汽车外观更美观漂亮以外,同时也具有改善漆面抗划伤、抗酸腐蚀、抗老化的能力,可提高漆面耐候力、耐紫外线性能以及光亮度。

### (五)面漆的种类

面漆的分类方法很多,按颜色效果可分为纯色漆、金属漆;按成膜物质种类可分硝基漆、醇酸漆和丙烯酸漆等;按固化机理可分溶剂挥发型、氧化型和交联反应型等;按施工工序可分单工序、双工序和三工序等。而每一种分类方法可能会相互交叉。

#### 1. 按颜色效果可分为素色漆、金属漆

色漆通常包括素色漆、银粉漆、珍珠漆,如图9-8所示。素色漆含有素色颜料,银粉漆含有铝粉,珍珠漆含有云母颜料。由于铝粉和云母颜料都是金属或金属氧化物,所以银粉漆和珍珠漆统称为金属漆。

图9-8　不同效果的车漆

1)素色漆

多年以来所有的车辆喷涂的都是素色漆(单色的颜色涂料,也称为纯色漆、单色涂料),例如黑色、白色、棕黄色、蓝色、绿色、褐红色等不透明的颜料及成膜物质。抛光后单色涂料只能反射一个方向上的光线。目前仍然有单色的涂料,但其比例已经开始下降了。

2)银粉漆(金属漆)

银粉漆也叫金属漆,里面添加了铝片等闪光材料,漆面闪亮的金属光泽增强了金属质感,更提升了汽车的速度感。金属漆会因光源的方向、眼睛的位置和观察角度不同而显示不同的颜色效果。金属漆喷完之后还要在上面喷上一层清漆,用以保护金属颗粒不被损伤和有光亮度。

3）珍珠漆

珍珠漆也叫珠光漆，含有云母粒，对光线的折射和反射有方向性，从不同的角度观察，能发出不同的色彩，如珍珠焕彩般的效果，色彩斑斓。珠光漆的表面也必须喷涂清漆层对其进行保护并增加光亮度。

2. 按施工工序可分单工序、双工序和三工序

（1）单工序面漆指喷涂一种涂料即形成完整的面涂层的喷涂系统，素色漆常用喷涂工艺。

（2）双工序面漆指喷涂两种不同的涂料才能形成完整的面涂层的喷涂系统，通常是先喷涂色漆，然后再喷涂罩光清漆，两种涂层共同构成完整的面涂层。

（3）三工序往往都是采用珍珠漆，通常是先喷一层底色漆，然后喷一层珍珠漆，最后喷罩光清漆，三个涂层共同构成完整的面涂层。三工序珍珠面漆的效果比较丰富，但施工及修补相对比较复杂。

（六）汽车漆面损伤情况

作为外衣的车漆常因外界的原因或使用的原因出现漆面损伤。

1. 门边磕碰掉漆

该现象主要是在上下车时开关门磕碰到异物，或者随身携带的硬质物品与车门磕碰时产生的。由于门边与其他异物磕碰时接触面积小容易导致磕碰掉漆，所以在开关门及拿取物品时注意规避与门边磕碰。

2. 油漆腐蚀

该现象主要是车身被其他腐蚀性物质滴落到车身上没有及时清理。保持车身洁净可以有效地避免此问题产生。

3. 飞石击伤

该现象主要是飞石击伤或擦伤。在行车过程中注意与前方大型货车保持车距，防止飞石击伤车身。

4. 漆面划伤或磨损

该现象主要是由于车辆近距离遭遇障碍物剐蹭、划过或碰撞而产生划痕或磨痕，在拐弯及行进到道路狭窄区域时注意观察车身四周，防止漆面划伤或磨损。

（七）汽车漆面涂层的维护

汽车漆膜都采用先进的喷涂技术，如果不注意维护，其漆面会过早地失去光

泽或损伤,严重损伤会导致焊接点及接缝处锈蚀等。为此,在使用中一定要注意漆面的维护。

(1)汽车在行驶中,车身与空气发生摩擦会产生静电,对灰尘具有极强的吸附作用。为此,车辆在出车前、使用中、收车后,要及时地清除车体上的灰尘,尽量减少车身静电对灰尘的吸附。

(2)洗车时,应待发动机冷却后进行,不要在烈日或高温下清洗车辆,以免洗洁剂被烘干而留下痕迹。

(3)擦洗车辆要用干净、柔软的擦布或海绵,防止混入金属屑或砂砾。

(4)对一些特殊的腐蚀性极强的残迹(如鸟粪等)要及时清除。

(5)在车辆维护中,注意不要用带有油污的脏手触摸车身漆面,不要将沾有油污的工具或含有有机溶剂的擦布置于车身上。

(6)漆面若无明显的划痕,不要轻易进行二次喷漆,防止色差或结合不好而弄巧成拙。

(7)车辆长期停驶,应停在车库,冬天应用专用车罩覆盖。临时停放时,要选择阴凉的地方(树荫下应防止有鸟粪滴落腐蚀漆膜),避免阳光暴晒。

(8)防止对车身漆膜进行强烈冲击、磕碰。如发现漆面有伤痕、凹陷或脱落,应及时进行修补。

除此之外,还应不定期地对漆面进行上蜡保护,建议每季度一次到汽车美容店进行维护,及时恢复车身漆面的亮丽光泽度。

## 二、任务实施

1. 准备工作

1)工位准备

要求工位无闲杂人等,无杂物,照明条件良好,车辆通行顺畅,通风排水顺畅。

2)安全防护

按规范穿戴好工作服、劳保鞋、手套等安全防护用品,做好个人安全防护。

3)工具设备材料准备

施工前应准备好所有工具设备和材料:素色漆车门板件、金属漆车门板件、珠光漆车门板件、多种损伤漆面板件(失光、细纹、浅划痕、深度划痕等漆面损伤)、涂层测厚仪等。

## 2. 技术要求与注意事项

(1) 观察漆面状况之前,用中性清洗剂清洗干净漆面;

(2) 严格遵守安全规定;

(3) 正确使用涂层测厚仪。

## 3. 操作步骤

(1) 仔细观察各板件油漆,辨识汽车油漆种类(素色漆、金属漆、珠光漆);

(2) 描述各种油漆的作用;

(3) 用涂层测厚仪测量涂层厚度(图9-9),记录结果;

(4) 比较涂层厚度,分析涂层厚度差异成因;

(5) 仔细观察各种漆面损伤现象;

(6) 判定损伤程度,描述漆面损伤的原因;

(7) 制订漆面损伤的修复方案。

图9-9 测量涂层厚度

## 三、学习拓展

传统油漆中含有大量的有机挥发物(VOC),油漆涂装会造成环境污染。科技人员研发明了水性漆、创新了涂装工艺,这些新材料、新技术、新工艺有效减少了油漆涂装污染。目前已有汽车制造商开始使用一种创新的油漆雾化喷涂技术——无气喷漆雾化器,使用静电现象代替空气,涂层效率达到了95%,而传统油漆涂装工艺涂层效率为60%~70%。该工艺的油漆喷漆量几乎等于最终黏附在车身上的油漆量,从喷涂到附着在车身上的油漆量最多只损失了5%,这项新技术达到了世界上最高的涂层效率。

传统的空气喷漆雾化器使用空气动力,这一过程中会导致油漆颗粒弹出表面,无气喷漆雾化新型喷漆方法使静态带电粒子吸引到表面(车身)。通过这种方式,分散的雾化颗粒大量减少,从而大大减少了材料损耗,既节约了材料,又降低了VOC排放量。

无空气涂料雾化器已在丰田公司汽车厂使用,未来无空气涂料雾化喷涂技术的广泛使用推广将减少 VOC 和 $CO_2$ 的排放,能够大大减少对环境的污染。

## 四、评价与反馈

1. 自我评价

(1) 通过对本学习任务的学习,你是否已经知道以下问题的答案:

① 汽车漆面涂层作用有哪些?

_____

_____ 。

② 对于汽车漆面涂层的性能有哪些要求?

_____

_____ 。

③ 为保证汽车漆面的良好性能,在汽车使用和维护过程中应注意哪些事项?

_____

_____ 。

(2) 学习任务完成情况如何?

_____

_____ 。

(3) 通过本学习任务的学习,你认为自己的知识和能力还有哪些欠缺?

_____

_____ 。

签名:_____  _____年___月___日

2. 小组评价

小组评价表见表9-1。

小组评价表　　　　　　　　　　　　　　表9-1

| 序号 | 评价项目 | 评价情况 |
| --- | --- | --- |
| 1 | 是否按照学习要求完成课前预习 |  |
| 2 | 是否在分组讨论过程中积极发言 |  |
| 3 | 是否在分组讨论过程中记录笔记 |  |
| 4 | 是否遵守学习场地的规章制度 |  |
| 5 | 能否保持学习场地整洁 |  |
| 6 | 小组团结协作分工情况 |  |

参与评价的同学签名:_____  _____年___月___日

## 3. 教师评价

_____

_____。

签名：_____　_____年___月___日

## 五、技能考核标准

技能考核标准见表9-2。

技能考核标准表　　　　　　　　　　表9-2

| 序号 | 项目 | 操作内容 | 规定分 | 评分标准 | 得分 |
|---|---|---|---|---|---|
| 1 | 安全7S态度 | 1. 能进行工位7S操作；<br>2. 能进行设备和工具安全检查；<br>3. 能进行车辆安全防护操作；<br>4. 能进行工具清洁、校准、存放操作；<br>5. 能进行"三不落地"操作 | 15 | 未完成1项扣3分,扣分不得超过15分 | |
| 2 | 专业技能能力 | 1. 能正确选用清洗剂清洁漆面；<br>2. 能按正确辨别油漆种类；<br>3. 能按照标准流程测量车身涂层厚度；<br>4. 能准确分析介绍涂层厚度不同的主因；<br>5. 能仔细观察漆面损伤现象及损伤程度；<br>6. 能正确指出漆面损伤的原因；<br>7. 能制订正确的漆面损伤修复工艺 | 50 | 未完成1项扣8分,扣分不得超过50分 | |
| 3 | 工具及设备的使用能力 | 1. 能正确使用涂层测厚仪；<br>2. 能正确选用抛光机打磨破损漆面 | 10 | 未完成1项扣5分,扣分不得超过10分 | |

续上表

| 序号 | 项目 | 操作内容 | 规定分 | 评分标准 | 得分 |
|---|---|---|---|---|---|
| 4 | 资料及信息的查询能力 | 1. 能正确使用维修手册查询资料；<br>2. 能在规定时间内查询所需资料；<br>3. 能正确记录所查询资料章节页码；<br>4. 能正确记录所需维修信息 | 10 | 未完成1项扣5分,扣分不得超过10分 | |
| 5 | 分析判断能力 | 1. 能正确漆面涂层的类型及特性；<br>2. 能正确判断损伤程度；<br>3. 能正确判断漆面受损的原因；<br>4. 能正确涂层厚度差异的成因 | 10 | 未完成1项扣5分,扣分不得超过10分 | |
| 6 | 记录及撰写能力 | 1. 字迹清晰；<br>2. 语句通顺；<br>3. 无错别字 | 5 | 未完成1项扣2分,扣分不得超过5分 | |
| | | 总分 | 100 | | |

## 学习任务10　漆面打蜡抛光

### 学习目标

☆ **知识目标**

1. 熟悉漆面打蜡抛光的作用；
2. 熟悉各种漆面美容材料的特性；
3. 熟悉漆面打蜡的工艺流程；
4. 熟悉打蜡抛光工具的使用方法。

☆ **技能目标**

1. 能正确使用和维护汽车漆面美容工具和设备；
2. 能正确选用常用的漆面美容材料；
3. 能独立完成打蜡抛光工作任务；
4. 能树立良好的安全生产和环境保护意识；
5. 具有良好的团队合作能力、组织管理能力、创新能力。

项目五  汽车漆面美容维护

> 📖 建议课时

6 课时

> 📖 任务描述

汽车打蜡抛光后,能去除漆面的顽固污渍,形成一层保护膜。对车漆已形成的氧化膜有很好去除效果,防止紫外线和酸性、碱性等物质的腐蚀,延缓车漆的老化,延长车漆的使用寿命。为了保持汽车漆面光亮如新,保证漆面的装饰效果和防护效果,应定期对汽车漆面打蜡抛光,对漆面进行保护,这是汽车美容中基本的护理性美容。

本次学习任务就是掌握漆面美容工具设备的使用和维护方法,能够描述车蜡的种类和选用方法,熟悉漆面打蜡抛光的流程和方法。

## 一、理论知识准备

车蜡是传统的汽车漆面保护物。车蜡以天然蜡或合成蜡为主要成分,它通过渗透入漆面的缝隙中使漆面表面平整而达到增加光亮度的效果,传统汽车打蜡是以上光保护为主,而今随着车美容业的发展,汽车打蜡被赋予新的内涵,即研磨蜡的出现及日益广泛的应用。如果一部车打了蜡,要想达到较好的光亮效果,就需要比较厚的蜡层。但车蜡属于油性物质,油膜与漆面结合力差,保护时间较短,这种蜡常因下雨或冲洗等因素流失,有时甚至附着在风窗玻璃上而形成油垢,因此,汽车美容打蜡应该定期进行。

(一) 汽车蜡的作用

汽车蜡的主要成分是聚乙烯乳液或聚硅氧烷类高分子化合物,并含有油脂和其他添加成分。这些物质涂覆在车身表面具有以下作用。

1. 上光

上光是车蜡的最基本功能。经过打蜡的汽车可以改善漆面光亮程度,增添亮丽的色彩,但维持时间不长。

2. 防腐

汽车属于户外设备,运行环境恶劣,易受到有害气体、灰尘及电解质溶液等腐蚀性物质的侵蚀。汽车蜡可在车漆与大气之间形成隔离层,将车漆与有害气体、灰尘和电解质溶液有效地隔离开,起到一种"屏蔽"作用,大大降低了车身遭受侵蚀的可能性。

### 3. 抗高温

车蜡可对来自不同方向的入射光产生有效反射,防止入射光被车漆吸收,从而降低了车漆表面温度。

### 4. 防静电

汽车高速行驶时形成的交通膜,会使原来艳丽的车身变得黯淡无光。车身打蜡对消除或减少静电影响,使车身保持整洁有重要作用。

### 5. 防紫外线

车蜡防紫外线作用与抗高温作用是并行的,紫外线的特性决定了紫外线较易于折射进入漆面,防紫外线车蜡充分考虑了紫外线的特性,使其对车身表面的侵害得以最大程度地降低。

### 6. 研磨抛光作用

当漆面出现浅划痕时,可使用研磨抛光车蜡。如划痕不是很严重,抛光和打蜡作业可一次完成。

车蜡除了上述功能外,还具有防酸雨、防雾等功能,选用时可根据需要灵活把握,使打蜡事半功倍。

## (二)汽车蜡的选用

### 1. 汽车蜡的种类

1) 按物理状态分类

汽车蜡可分为固体蜡、半固态蜡、液体蜡和喷雾蜡四种(图10-1)。这些车蜡的黏度越大光泽越艳丽、持久性越强,但去污性越弱,而且操作越费力。相反,黏度越小的车蜡越便于使用但持久性越弱。

2) 按其功能不同分类

汽车可以分为上光保护蜡和抛光研磨蜡。其中,上光保护蜡不含研磨材料,主要起增光作用;抛光研磨蜡主要用于研磨和抛光还原作业。国产上光蜡的主要添加成分为蜂蜡、松节油等,其外观多为白色和乳白色,主要用于喷漆作业中表面上光。国产抛光研磨蜡主要添加成分为地蜡、硅藻土、氧化铝、矿物油及乳化剂等,颜色有浅灰色、灰色、乳黄色及黄褐色等多种,主要用于浅划痕处理及漆膜磨平作业,以清除浅划痕、橘纹、老化层、填平细小针孔等漆面缺陷。

# 项目五　汽车漆面美容维护

a)固体蜡　　　　b)液体蜡　　　　c)喷雾蜡

图 10-1　汽车蜡实例

## 2. 车蜡的选用

汽车美容护理用品市场上车蜡种类繁多,其作用与效果也不一样,在选用时必须慎重。一般情况下,应根据车蜡的特点、性能、车漆颜色、行驶环境及使用季节等因素综合考虑。

1) 根据漆面的质量来选择

对于中高档轿车,其漆面的质量较好,宜选用高档车蜡;对普通轿车或其他车辆,可选用一般车蜡。

2) 根据漆面的新旧来选择

新车或新喷漆的车辆,应选用上光蜡,以保持车身的光泽和颜色;对旧车或漆面有漫反射光痕的车辆,可选用研磨蜡对其进行抛光处理后,再用上光蜡上光保护。

根据车蜡的作用来选择。由于车辆的运行环境千差万别,所以在车蜡的选择上对汽车漆面的保护应该有所侧重。例如,沿海地区宜选用防盐雾功能较强的车蜡,而化学工业区宜选用防酸雨功能较强的车蜡,多雨地区宜选用防水性能优良的车蜡,光照好的地区宜选用防紫外线、抗高温性能优良的车蜡。

根据季节不同来选择。夏季一般光照较强,宜选用防高温、防紫外线能力强的车蜡。

根据车漆颜色来选择。选用车蜡时还必须考虑与车漆颜色相适应,一般深色车漆选用黑色、红色、绿色系列的车蜡,浅色车漆选用银色、白色、珍珠色系列的车蜡。

根据车辆行驶环境来选择。如果汽车经常行驶在泥泞、尘土、砾石等恶劣道路环境中,则应选用保护功能较强的聚硅氧烷树脂蜡。

## (三)设备工具的选用

### 1. 打蜡机

打蜡机是把车蜡打在漆面上,并将其抛出光泽的设备,如图10-2所示。打蜡机按椭圆形旋转,类似卫星绕地球的旋转轨道,故也称轨道打蜡机。轨道打蜡机具有质量轻、做工精细、转盘面积大、操作便利等特点。

图 10-2　汽车打蜡机

轨道打蜡机型号很多,样式不一,大致可分为普通轨道打蜡机和离心式轨道打蜡机。

普通轨道打蜡机具有转盘较小、使用材料较差、扶把位置不容易平衡等缺点,一般在非专业汽车美容场所使用。离心式轨道打蜡机的动作是靠一种离心式的轨道旋转来完成的,这种旋转方式模拟人手工操作,打蜡效果好,且比手工操作效率高。离心式轨道打蜡机是专业汽车美容人员喜欢使用的机型。

### 2. 打蜡机的主要配件

打蜡机使用的是固定打蜡托盘,因此其相应的配套件是指和打蜡托盘配套的各种盘套。打蜡盘套是一种衬有皮革底的毛巾套,如图10-3所示,其作用是把蜡均匀地涂覆到车身上。打蜡盘套的材料有三种:全棉的盘套、全毛的盘套和海绵盘套。各种汽车打蜡机盘套有各种规格。

图 10-3　打蜡盘套

目前使用最广泛的是全棉盘套,该盘套应选择针织密集而且线绒较多的,要有柔和感,越柔和就越减少发丝划痕,越能把蜡的光泽和深度抛出来。全棉盘套不宜反复使用,很多专业人员一辆车要换一个新的。即使不换新的,旧的也一定要洗干净,清洗时要使用柔和剂,否则,晒干后盘发硬,最好使用防静电方式烘干。

(四)打蜡的方法

1. 上蜡

使用打蜡盘套上蜡时,将液体蜡转一圈倒在打蜡盘上,每次按 $0.5 m^2$ 的面积涂匀,直至打完全车。首先将车蜡涂在打蜡机盘套上,然后按一定顺序往复直线涂抹,每道涂抹应与上道涂抹区域有 1/5~1/4 的重合度,以防止漏涂及保证均匀涂抹。另外,还要注意在边、角、棱处的涂抹应避免超出漆面。若不使用打蜡盘套上蜡而采用手工上蜡的方法,则首先将适量的车蜡涂抹在海绵(专用打蜡海绵)上,接下来的具体涂抹过程和使用打蜡盘套相同。但要注意不要以圆圈的形式进行打蜡,这样会使车漆表面产生同心圆状光环的效果。两种方法相比,手工上蜡简单易行,机械上蜡效率高。

2. 凝固

上完蜡后,等待几分钟时间,待车蜡闪干泛白后再开始抛光。

3. 安装检查抛蜡盘套

将抛蜡盘套装上,确定绒线中无杂质。

4. 抛蜡

打开打蜡机,将其轻放在车体上横向(或纵向)进行覆盖式抛光,如图10-4所示,直至光泽满意。

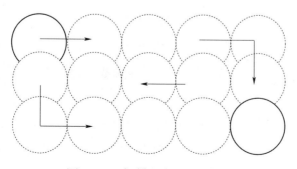

图 10-4 打蜡机的抛光路径

发动机舱盖上蜡

汽车美容技术

## 二、任务实施

### 1. 准备工作

1）工位准备

要求工位无闲杂人等,无杂物,车辆通行顺畅,通风排水顺畅;检查水、电、气等是否正常供给。

2）安全防护

按规范穿戴好工作服、劳保鞋、手套等安全防护用品,做好个人安全防护。

3）工具设备材料准备

施工前应准备好所有工具设备和材料,清单参见表10-1。

汽车内饰清洁维护工具设备和材料清单　　　　表10-1

| 序号 | 工具设备材料名称 | 检查要求 | 检查频率 | 检查人员 |
|---|---|---|---|---|
| 1 | 空气压缩机 | 环境通风,电源正常,机油正常处在红线标识上方 | 每日一次 | 小组轮查 |
| 2 | 空气压缩机储气罐 | 管道密封,通气阀打开 | 每日一次 | 小组轮查 |
| 3 | 高压清洗机 | 皮带正常,对应的水桶水量充足 | 每日一次 | 小组轮查 |
| 4 | 汽车清洗车组合鼓 | 管道伸缩是否顺畅 | 每日一次 | 小组轮查 |
| 5 | 工具车 | 每人一辆,施工时随身摆放,所有工具不落地、材料不落地 | 每车一次 | 自查 |
| 6 | 储物盒 | 分别摆放干净的毛巾、干净的海绵、辅料和工具 | 每车一次 | 自查 |
| 7 | 毛巾 | 漆面一条、玻璃一条、内饰一条和底边门边等以下部位一条 | 每车一次 | 自查 |
| 8 | 打蜡机 | 气动式打蜡机两个 | 每车一次 | 自查 |
| 9 | 打蜡海绵 | 专用打蜡海绵,每车两个 | 每车一次 | 自查 |
| 10 | 各类打蜡盘套 | 用于汽车漆面打蜡抛光,白色、黄色、黑色至少两套 | 每车一次 | 自查 |
| 11 | 各类汽车蜡 | 看里面液体或固体剩余量是否充足 | 每车一次 | 自查 |
| 12 | 洗车机水管 | 看洗车机水管是否在工位,以防车压 | 每车一次 | 自查 |
| 13 | 小毛刷 | 每车两个 | 每车一次 | 自查 |

## 2. 技术要求与注意事项

车身漆面打蜡是汽车美容中最常见的基本护理性美容,其目的在于增强漆面的防水防紫外线、防划伤能力等,保持车身漆面永久光亮感、深度感和立体感。要达到以上目的必须把握好打蜡频率,做到正确地选用车蜡、合理地操作工艺,注意相关事项。

(1)打蜡时一定要擦干车身,不能有水,否则会影响打蜡效果。

(2)打蜡作业环境要清洁,灰尘要尽可能地少,有良好通风过滤装置,有条件的可设置专门的打蜡工作间。

(3)应在阴凉处给汽车打蜡,否则车表面温度高,车蜡附着能力会下降,影响打蜡效果。

(4)打蜡时,手工海绵及打蜡机海绵运行应该做直线往复运动,不宜环形涂抹,防止由于涂层不均造成强烈的环状漫射。

(5)上蜡时应遵循先上后下的原则,即先涂抹车顶,再车身侧面等。

(6)上蜡时,若海绵上出现与车漆相同的颜色,可能是漆面已经破损,应立即停止,进行修补处理。

(7)抛光作业要待上蜡完成后在规定时间内进行。遵循先上蜡的地方先抛光的原则,且抛光运动也是直线往复运动。未抛光的车辆绝不允许上路行驶,否则再进行抛光,易造成漆面划伤。

(8)抛光结束后,要仔细检查,清除车牌、车灯、门边等处残存车蜡,防止产生腐蚀和影响整车美观。

(9)打蜡结束后,设备及用品要做清洁处理,妥善保存。

(10)要掌握好打蜡的频率,由于汽车行驶及停放环境不同,打蜡间隔时间不可按部就班,但可以用手拭车身漆面,若无光滑感,就应该进行再次打蜡。

(11)手工打蜡时要按照一定的顺序。首先将少量的车蜡挤在专用打蜡海绵上,保证每次处理的面积一定,以画小圆圈的方式涂蜡,不可大面积涂抹。打蜡时手的用力要均匀,不必使劲擦,以大拇指和小拇指夹住海绵,以手掌和其余三个手指按住海绵均匀地以环形顺序打蜡。蜡膜尽量做到薄而均匀,每道涂布相应与上道涂布区域有 1/5~1/4 的重叠,防止漏涂。

(12)机器打蜡就是将车蜡涂在打蜡机海绵上,具体涂布过程与手工相似,打蜡机的转速选用低速挡。

### 3. 操作步骤

1）汽车漆面深度清洁

在任务 3 外部清洁的基础上，用蜡泥深度清洁漆面，将蜡泥从密封盒中取出捏成覆盖手掌大小椭圆形，如图 10-5 所示，作业部位喷涂漆面去污剂（兰威宝 1∶50），按顺序进行全车磨蜡泥，遵循先上后下的原则，即先磨水平部位，再磨车身侧面等，随磨随擦，局部磨完立即用外饰毛巾擦拭干净。

图 10-5　漆面深度清洁

2）作业保护

贴美纹纸：将车身外部金属装饰件、镀铬件，与车漆交接部分的胶边、车灯边缘用美纹纸覆盖保护。用脱水大毛巾分别覆盖前后风窗玻璃，如图 10-6 所示。

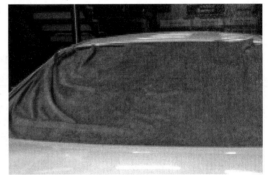

图 10-6　作业保护

3）漆面打蜡

手工打蜡：将液蜡滴到海绵上，在漆面上螺旋画圈均匀抹开，打在漆面上的蜡膜尽量做到薄而均匀，每道涂布相应与上道涂布区域有 1/5～1/4 的重叠，如图 10-7 所示。

漆面抛光前的遮蔽

具体顺序是：发动机舱盖→右前翼子板→右车顶→右前门→右后门→右后翼子板→行李舱盖→后保险杠→左后翼子板→左车顶→左后门→左前门→左前翼子板→前保险杠。

注意蜡尽量别打到发动机舱盖与前保险杠、前翼子板之间的缝隙里以及前照灯灯罩上面。

机械打蜡（图 10-8）：将车蜡涂在打蜡机海绵上，用低速挡，然后平放打蜡机于漆面并启动。具体涂布过程与手工相似,请勿施加压力。

图10-7　手工打蜡

图10-8　机械打蜡

4)抛光

手工抛光:漆面打蜡完成,等待5min左右,蜡面微微泛白,开始抛光。手工抛光的顺序同漆面打蜡的顺序。要求将漆面完全擦亮,无蜡膜残留,如图10-9所示。

车门打蜡

机械抛光:等蜡微干(蜡面微微泛白)后再进行抛光。将抛光机的转速调至中高档,选用海绵盘平放于漆面,均匀施加压力,顺序抛光,如图10-10所示。

图10-9　手工抛光

图10-10　机械抛光

车门打蜡闪干效果

车门打蜡抛光

机器上蜡抛光

5)检查打蜡效果

使用小毛刷将车漆缝隙(如车门亮条、油箱盖等)中的蜡屑清理干净,如图10-11所示。要求使用小毛刷时力道要轻不得将漆面刷毛,经处理后,全车漆面缝隙中无蜡屑残留。

图 10-11　清理缝隙

## 三、学习拓展

"1+X"汽车美容装饰与加装改装服务技术(初级)职业技能工作任务考核要求见表 10-2。

**"1+X"汽车美容装饰与加装改装服务技术(初级)职业技能工作任务考核要求**　　表 10-2

| 工作领域 | 工作任务 | 职业技能 | 技能要求 | 知识要求 |
|---|---|---|---|---|
| 汽车美容装饰与加装改装服务技术（初级） | 漆面上蜡维护 | 1.1 清洗车身 | 1.1.1 能按照标准流程进行车身清洗,对待上蜡表面进行清洁作业,清除表面所有污物 | 1.1.1 车身清洗流程知识<br>1.1.2 清洁剂选用知识 |
| | | 1.2 粗抛漆面 | 1.2.1 能用抛光机和粗海绵球配水溶性粗蜡,将抛光蜡涂于海绵球表面用中速 1600r/min 扩散研磨一遍,以调整漆膜纹理 | 1.2.1 抛光机原理、操作要点<br>1.2.2 抛光蜡的选用知识 |
| | | 1.3 细抛漆面 | 1.3.1 能将水溶性抛光细蜡加少许水粉均匀涂抹在需抛光部位,改用羊毛球,抛光机选中速 1900~2200r/min,将砂纸纹抛掉 | 1.3.1 抛光蜡的选用知识 |

续上表

| 工作领域 | 工作任务 | 职业技能 | 技能要求 | 知识要求 |
|---|---|---|---|---|
| 汽车美容装饰与加装改装服务技术（初级） | 漆面上蜡维护 | 1.3 细抛漆面 | 1.3.2 能抛光过程中应该尽量使羊毛球湿润防止过热损伤漆面细抛后漆面光泽产生 | 1.3.2 抛光头的选用知识 |
| | | 1.4 漆面打蜡 | 1.4.1 能用水溶性漆膜上光保护蜡和费斯托海绵球将蜡均匀涂在车身表面，保持 10 min 后用洁净的羊毛球抛光 | 1.4.1 漆面上蜡的注意事项 |

## 四、评价与反馈

1. 自我评价

(1)通过对本学习任务的学习,你是否已经知道以下问题的答案：

①汽车抛光打蜡的作用是什么？
_____。

②汽车蜡的如何分类？
_____。

(2)汽车抛光打蜡的注意事项：
_____。

(3)实训过程完成情况如何？
_____。

(4)通过对本学习任务的学习,你认为自己的知识和技能还有哪些欠缺？
_____。

签名：_____ _____年\_\_\_月\_\_\_日

## 2. 小组评价

小组评价表见表 10-3。

小组评价表　　　　　　　　　　　　　　　表 10-3

| 序号 | 评价项目 | 评价情况 |
|---|---|---|
| 1 | 着装是否符合要求 | |
| 2 | 能否合理规范地使用仪器和设备 | |
| 3 | 是否按照安全和规范的流程操作 | |
| 4 | 是否遵守学习、实训场地的规章制度 | |
| 5 | 能否保持学习、实训场地整洁 | |
| 6 | 团结协作情况 | |

参与评价的同学签名：_____　　_____年___月___日

## 3. 教师评价

_____。

签名：_____　　_____年___月___日

## 五、技能考核标准

技能考核标准见表 10-4。

技能考核标准表　　　　　　　　　　　　　　　表 10-4

| 序号 | 项目 | 操作内容 | 规定分 | 评分标准 | 得分 |
|---|---|---|---|---|---|
| 1 | 安全 7S 态度 | 1. 能进行工位 7S 操作；<br>2. 能进行设备和工具安全检查；<br>3. 能进行车辆安全防护操作；<br>4. 能进行工具清洁、校准、存放操作；<br>5. 能进行"三不落地"操作 | 15 | 未完成 1 项扣 3 分，扣分不得超过 15 分 | |
| 2 | 专业技能能力 | 1. 能按照标准流程对汽车车身漆面手工打蜡作业；<br>2. 能按照标准流程对发动机舱盖进行手工打蜡作业； | 50 | 未完成 1 项扣 5 分，扣分不得超过 50 分 | |

续上表

| 序号 | 项目 | 操作内容 | 规定分 | 评分标准 | 得分 |
|---|---|---|---|---|---|
| 2 | 专业技能能力 | 3.能按照标准流程对保险杠进行手工打蜡作业；<br>4.能按照标准流程对翼子板进行手工打蜡抛光作业；<br>5.能按照标准流程对车顶进行手工打蜡作业；<br>6.能按照标准流程对车门进行手工打蜡作业；<br>7.能按照标准流程对全车进行手工抛光作业 | 50 | 未完成1项扣5分，扣分不得超过50分 | |
| 3 | 工具及设备的使用能力 | 1.能正确选用汽车蜡；<br>2.能正确使用打蜡海绵；<br>3.能正确选用抛光工具；<br>4.能正确选用汽车清洗工具；<br>5.能正确使用擦拭工具 | 10 | 未完成1项扣5分，扣分不得超过10分 | |
| 4 | 资料及信息的查询能力 | 1.能正确使用维修手册查询资料；<br>2.能在规定时间内查询所需资料；<br>3.能正确记录所查询资料章节页码；<br>4.能正确记录所需维修信息 | 10 | 未完成1项扣5分，扣分不得超过10分 | |
| 5 | 分析判断能力 | 1.能正确判断内饰污染程度；<br>2.能正确判断污渍是否被擦净，是否有污渍残留；<br>3.能正确判断哪些地方容易污染，正确选择工具和清洁方法 | 10 | 未完成1项扣5分，扣分不得超过10分 | |
| 6 | 记录及撰写能力 | 1.字迹清晰；<br>2.语句通顺；<br>3.无错别字 | 5 | 未完成1项扣1分，扣分不得超过5分 | |
| | 总分 | | 100 | | |

## 学习任务11　漆面微损修复

### 学习目标

☆ **知识目标**

1. 熟悉研磨、抛光与还原的作用；
2. 熟悉漆面研磨、抛光与还原的工艺流程；
3. 熟悉抛光工具的使用方法。

☆ **技能目标**

1. 能正确使用和维护汽车漆面美容工具和设备；
2. 能正确选用常用的漆面美容材料；
3. 能独立完成研磨、抛光与还原工作任务；
4. 能树立良好的安全生产和环境保护意识；
5. 能具备良好的团队合作能力、组织管理能力、创新能力。

### 建议课时

6课时

### 任务描述

汽车在日常使用过程中，会经历风吹日晒，导致漆面氧化，老化失光；也会因风沙的侵蚀而形成细细的磨纹；或因污染物腐蚀而变色，或因轻微的剐蹭而导致磨损或划痕等，这些常见的漆面问题也可以通过漆面美容进行修复，恢复漆面光亮如新的效果。

本次学习任务就是对车漆损伤程度进行分析，能正确地使用和维护漆面美容工具和设备以及常用的漆面美容材料，掌握漆面研磨、抛光和还原的方法步骤流程。

### 一、理论知识准备

风吹日晒对车漆有不同程度的氧化损伤，行车时，空气中的沙尘和飞溅起来的石子也会对车漆造成损害，形成网纹或浅划痕，或腐蚀损伤等。汽车美容技师能够通过漆面美容工艺完成对氧化失光层、风沙网纹、腐蚀斑点损伤、发丝划痕、剐蹭浅磨痕、漆面微创浅划痕等轻度漆面损伤的修复。但漆面深度划痕的损伤已经伤及底漆,则只能到专业汽车喷漆维修店进行汽车喷漆修复。

(一)车漆的损伤程度

1. 漆面失光

漆面失光是指在汽车长期暴露于空气中,且因日晒、高温、腐蚀等而被氧化,透明层外附着了一层氧化层,使漆面失去原有的光泽而黯淡,如图11-1所示。漆面失光主要由以下原因造成。

(1)洗车时使用了碱性较大的清洗剂,如洗衣粉、餐洗净等。碱性物质会破坏车漆表面的车釉,使之失光。

(2)擦车的毛巾要勤洗,否则夹杂在毛巾里的灰尘颗粒会划伤漆面,使之失光。

(3)应当定时洗车、打蜡。如果洗车、打蜡不及时,会使漆面长期处在干枯、污染的环境中,使之失光。

(4)由于天气的变化,风吹日晒、雨淋雪打,漆面也会出现老化,进而失光。

2. 发丝划痕

布发丝划痕是指透明层有很轻微的划痕,轻得像头发丝一样,这是破坏程度最轻的划痕,如图11-2所示。发丝划痕主要由以下原因造成。

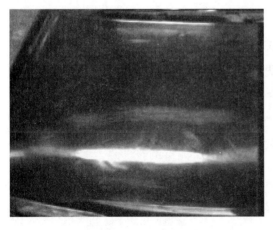

图11-1　漆面失光

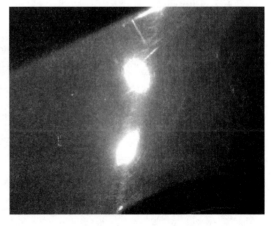

图11-2　发丝划痕

(1)行车时,由迎风遇到的灰尘、砂砾碰撞造成。

(2)用干燥的毛巾擦车也会造成发丝划痕。

(3)下雪天过后洗车,水温过高,雪化之后,冰粒位置也会出现此类划痕。

### 3. 中度划痕

中度划痕是指色彩层受到破坏，主要原因是车辆与车辆、行人及其他障碍物剐蹭所致，如图 11-3 所示。

### 4. 深度划痕

深度划痕是指底漆层受到破坏，甚至使钣金裸露，这主要是由车辆碰撞或锈蚀严重造成的，如图 11-4 所示。

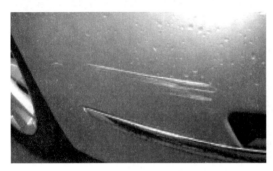 

图 11-3　中度划痕　　　　　　　　图 11-4　深度划痕

上述四种漆面损伤中，深度划痕由于伤及底漆层，所以必须送汽车喷漆维修厂进行漆面修复。汽车美容店能够完成的只有漆面失光、发丝划痕和中度划痕的修复。

## (二) 研磨与抛光

研磨、抛光与还原是漆面微损的主要修复项目，可以有效去除浅划痕，恢复整车漆膜亮丽的色彩，但建议不能经常使用，因为漆膜经过研磨抛光处理，会越磨越薄。若将漆面磨穿，就只能重新喷涂来补救。对于局部划痕的处理，可以通过局部的研磨抛光来对划痕及其周边进行处理。

### 1. 研磨

研磨就是利用羊毛或混纺抛光盘配合研磨蜡，通过研磨清除车身漆面失光层、旋纹、网纹、浅划痕等受损表层，以提高漆膜的镜面效果，达到光亮、平滑、艳丽的要求。

### 2. 抛光

抛光就是利用海绵抛光盘配合镜面还原蜡或增艳蜡等美光蜡对漆面进行抛光处理，恢复油漆表面的光泽。

## （三）设备工具的选用

漆面微损修复所需设备工具选用见表11-1。

漆面微损修复设备工具　　　　表11-1

| 序号 | 名称 | 图示 | 使用说明 |
| --- | --- | --- | --- |
| 1 | 抛光机 |   | 弥补汽车漆面经喷涂之后，可能会出现粗粒、砂纸痕、流痕、反白、橘皮等漆膜表面的细小缺陷，进行抛光处理，以提高漆膜的镜面效果，达到光亮、平滑、艳丽的要求。汽车抛光机按照转速可分为高速、中速和低速，转速可调节 |
| 2 | 羊毛抛光盘 |   | 羊毛抛光盘研磨能力强、功效大，研磨后可能会留下旋纹，用于普通漆面的研磨与抛光。羊毛抛光盘分为白色和黄色，白色切削力强，配合较粗的蜡打磨进行快速去除橘皮，黄色切削力较弱，一般配合细蜡来进行抛光漆面、去除粗蜡抛光痕及轻微擦伤痕 |
| 3 | 海绵抛光盘 | 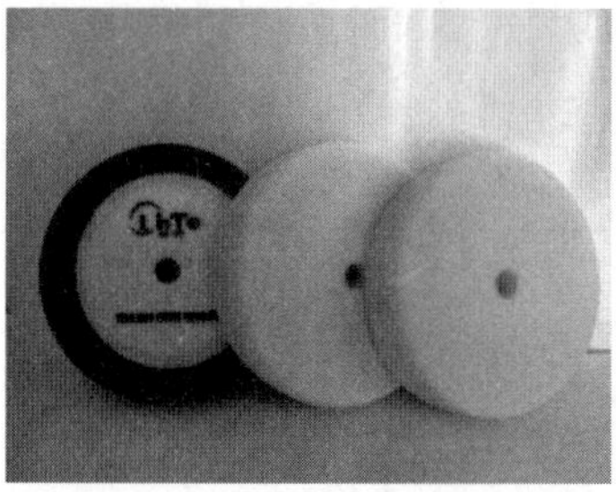  | 海绵抛光盘研磨能力相对较弱，研磨后不会留下旋纹。海绵抛光盘分为白色、黄色和黑色。黄色用以消除氧化膜或者划痕；白色可以消除发丝划痕或进行抛光；黑色适合透明漆的抛光和普通漆的还原 |
| 4 | 美纹水砂纸 | 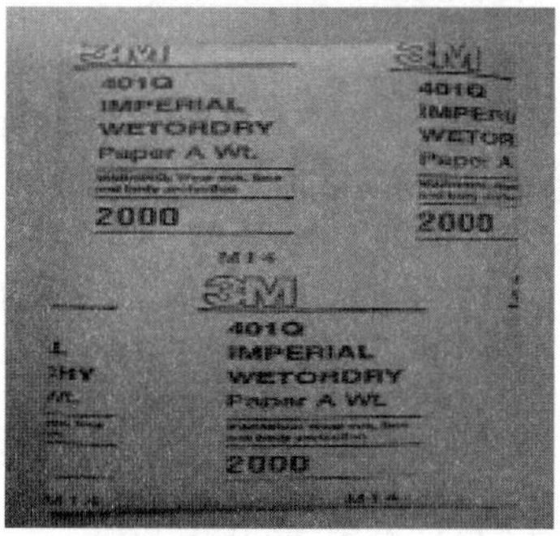  | 该水砂纸切削效果好表面留下砂痕比较均匀，且使用寿命长 |

续上表

| 序号 | 名称 | 图示 | 使用说明 |
|---|---|---|---|
| 5 | 研磨蜡粗蜡 |  | 用于研磨,除去漆面重度氧化层、条纹、污染、褪色等影响漆面外观的深层问题 |
| 6 | 抛光蜡中蜡 |  | 用于抛光,除去漆面中度氧化层,同时除去研磨后的旋纹 |
| 7 | 还原蜡细蜡 |  | 用于还原,除去漆面轻度氧化层,同时除去抛光后的旋纹,进一步提升漆面光泽度 |

## 二、任务实施

### 1. 准备工作

1)工位准备

要求工位无闲杂人等,无杂物,车辆通行顺畅,通风排水顺畅;检查水、电、气等是否正常供给。

2)安全防护

按规范穿戴好工作服、劳保鞋、手套等安全防护用品,做好个人安全防护。

3)工具设备材料准备

施工前应准备好所有工具设备和材料,清单参见表11-2。

## 项目五 汽车漆面美容维护

汽车内饰清洁维护工具设备和材料清单　　　　表 11-2

| 序号 | 设备名称 | 检查要求 | 检查频率 | 检查人员 |
|---|---|---|---|---|
| 1 | 空气压缩机 | 环境通风,电源正常,机油正常处在红线标识上方 | 每日一次 | 小组轮查 |
| 2 | 空气压缩机储气罐 | 管道密封,通气阀打开 | 每日一次 | 小组轮查 |
| 3 | 高压清洗机 | 皮带正常,对应的水桶水量充足 | 每日一次 | 小组轮查 |
| 4 | 汽车清洗车组合鼓 | 管道伸缩是否顺畅 | 每日一次 | 小组轮查 |
| 5 | 工具车 | 每人一辆,施工时随身摆放,所有工具不落地、材料不落地 | 每车一次 | 自查 |
| 6 | 储物盒 | 分别摆放干净的毛巾、干净的海绵、辅料和工具 | 每车一次 | 自查 |
| 7 | 毛巾 | 漆面一条、玻璃一条、内饰一条和底边门边等以下部位一条 | 每车一次 | 自查 |
| 8 | 抛光机 | 气动式抛光机两个 | 每车一次 | 自查 |
| 9 | 美纹水砂纸 | 用于细划痕的研磨修饰,保持足量 | 每车一次 | 自查 |
| 10 | 遮蔽胶带 | 保持足量 | 每车一次 | 自查 |
| 11 | 各类打蜡盘套 | 用于汽车漆面打蜡抛光,白色、黄色、黑色至少两套 | 每车一次 | 自查 |
| 12 | 各类汽车蜡 | 看里面液体或固体剩余量是否充足 | 每车一次 | 自查 |
| 13 | 洗车机水管 | 看洗车机水管是否在工位,以防车压 | 每车一次 | 自查 |

2. 技术要求与注意事项

(1) 全面彻底清洁,无污渍、无浮尘、无砂砾。

(2) 对不了解的车型、材料、老旧的作业表面,作业时可先找不太显眼处进行清洗测试,无异常反应后再全面作业。

(3) 双人漆面抛光操作的顺序:

1号:发动机舱盖→前保险杠→左前翼子板→左车顶→左前门→左后门→

左后翼子板。

2号：行李舱盖→后保险杠→右后翼子板→右车顶→右后门→右前门→右前翼子板。

（4）发动机舱盖、行李舱盖作为汽车的脸面，对抛光的要求最高。去除局部中度氧化层时可适当选择翘抛，但抛盘与漆面的夹角不宜超过30°，另外在边角处应使用轻抛、慢抛的手法。

（5）保险杠的底材是塑料，因此，在进行保险杠操作时应多使用轻抛、慢抛的手法。翼子板、车门抛光时，要注意在筋线的位置使用轻抛的手法。

（6）车顶抛光时，如果操作人员的身高不够，可打车车门，在门边垫上毛巾，踩在门边上操作。抛车顶边界时，应使用轻抛与翘抛相结合的手法。

3. 操作步骤

1）汽车漆面清洗

按照汽车精洗的要求将汽车漆面清洗干净，但无须将漆面上的水分擦干。

2）漆面深度清洁

为保证漆面美容效果，需对漆面进行彻底深度清洁。用洗车泥对漆面进行全面清洁，如图11-5所示，不留死角，然后用清水进冲洗，将车身擦干，要求无水渍。

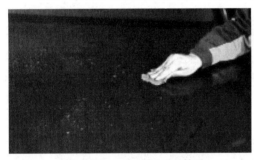

图11-5　漆面深度清洁

3）遮蔽防护

车辆移至抛光工位，使用遮蔽膜与美纹纸遮蔽。遮蔽主要部位为非抛光部位漆面覆盖部件，如前后风窗玻璃、门拉手、车灯等，如图11-6所示。

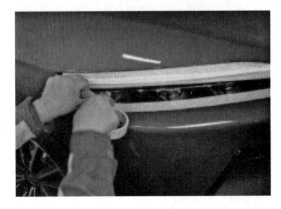 

图11-6　遮蔽防护

4）漆面研磨

使用专用研磨盘配合粗蜡进行漆面研磨操作，如图 11-7 所示。慢速启动抛光机，至粗蜡渐干变为粉末状时，提高转速控制在 1400~1800r/min 之间，适当增加下压力度，抛光移动速度保持一定，直至缺陷消除。

图 11-7　漆面研磨

5）漆面抛光

使用专用抛光盘配合细蜡进行漆面抛光操作，如图 11-8 所示。将细蜡倒在漆面或抛光盘上少许，始终保持抛光盘与漆面相切，慢速启动抛光机，至抛光蜡渐干变为粉末状时，提高转速控制在 1800r/min 左右，下压力度适中，抛光机移动速度保持一定，至消除粗蜡磨纹和其他纹理，漆面光滑。

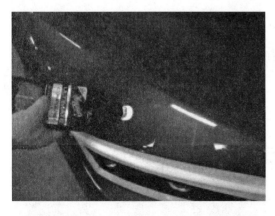

图 11-8　漆面抛光

6）漆面还原

使用专用镜面还原盘配合镜面还原蜡进行漆面还原操作，如图 11-9 所示。将镜面还原蜡倒在漆面或还原盘上少许，始终保持抛光盘与漆面相切，慢速启动抛光机，至还原蜡渐干变为粉末状时，提高转速控制在 1000~1400r/min 之间，以不超过1400r/min为宜,下压力度略轻,以抛光机自身质量即可,抛光机移动速度保持一定。直至漆面色泽艳丽、光亮如新。

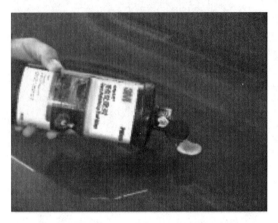

图 11-9　漆面还原

7）漆面冲洗

首先撤掉车身防护,车辆驶入精洗工位。1号、2号配合使用花洒软水进行对抛光完之后的车身漆面冲洗,可适当增大水枪压力。要确保车身漆面以及车体缝隙之中无蜡灰、蜡屑,如图11-10所示。

冲洗完毕之后,用专用毛巾配合吹气枪擦干漆面,注意毛巾要洁净,擦拭力度要轻,不得擦出划痕。

8）交车

接待人员陪同客户进行验收,如有两件套,请取下。接待人员与客户确认结算金额和支付方式,并完成工单结算。请客户签字确认,最后归还客户车钥匙,引导客户离店。如图11-11所示。

图 11-10　清理缝隙　　　　　　　　图 11-11　漆面效果验收

## 三、学习拓展

抛光主要是为了增加漆膜的光泽度与平滑度,消除漆面的颗粒轻微流痕、橘皮、细微砂纸痕迹、划痕等漆膜表面细小的缺陷。抛光处理既适用于汽车美容漆面微损修复,也适用于新喷涂面漆瑕疵处理。

1. 旧漆面翻新抛光

汽车表面长期受到阳光、风沙、雨雪、温差等不良环境影响,漆面受到的侵蚀程度复杂多样。这些侵蚀只靠简单的水洗无法将其消除,而要进行美容抛光处理,通过摩擦和抛光的作用来消除涂面的缺陷,使涂面重新变得光滑、亮丽。

2. 新喷涂面抛光

新喷涂的漆面可能存在一些缺陷,如流痕、尘粒、橘皮、失光、丰满度差等,以及局部喷涂时飞落于旧涂面的漆尘,新旧漆膜交界处的过渡区域,对于这些处于漆面上且不太严重的缺陷,均可通过抛光处理去除。打蜡与抛光不同,打蜡的目的是蜡质在漆膜表面干燥后会形成一层薄的保护膜,该保护膜可以反射阳光中的紫外线,降低对漆膜的破坏。同时蜡膜有一定的硬度,可减轻划伤漆膜的程度,蜡膜的光泽能提高漆膜的光泽度、丰满度。故打蜡的作用往往在于保护,而抛光的作用是去除缺陷及补救。

新喷漆面应在漆膜完全干燥后进行抛光,双组分涂料应在喷涂后经过60℃烘烤30min(金属表面温度),待漆面温度冷却后,手指压漆面而不会产生手指印或自然干燥36h后进行抛光,具体需要根据所使用的产品说明书确定。抛光的步骤如下:

步骤1:抛光前遮蔽。为了防止抛光前打磨及抛光时损伤相邻工件或者其他车身部件,需要进行遮蔽保护,可以尽量利用喷涂面漆时的遮蔽,即面漆完成后除去遮蔽时,对于可以保留的遮蔽材料可以保留至抛光使用。

步骤2:为防止吸入抛光时产生的微细粉尘、颗粒,抛光时应佩戴防尘口罩、防护眼镜,安全鞋;如果抛光前打磨采用干磨,打磨时同样须佩戴防尘口罩等安全防护用品。

步骤3:细磨缺陷部位。具体打磨砂纸型号需参照不同砂纸厂商要求。通常可以用半弹性垫块衬P1200水磨砂纸打磨缺陷部位,然后再用P1500水磨砂纸和P2000水磨砂纸打磨。也可以使用偏心距小于3mm的双动作打磨机配合

P1000干磨砂纸、P2000干磨砂纸、P4000干磨砂纸打磨缺陷,把流痕、脏粒、轻微划痕打磨平整,使缺陷打磨部位达到无光,但一定要注意不能磨穿漆膜,否则就需要重新喷涂。

由于车身表面存在弧度,且缺陷部位往往面积不大,所以使用小型打磨机及抛光机进行点打磨、点抛光是高效且低成本的方法。

步骤4:粗抛。清洁表面,将抛光机的转速调至1000~1500r/min,安装好白色羊毛轮,将粗抛光剂均匀地涂于羊毛轮上,然后将抛光机的羊毛轮平放在漆面上后开动抛光机,抛光机在漆面上有规律地沿水平方向来回移动抛光,一次抛光面积不宜过大,长、宽均约为60cm,抛光时要特别注意棱线、棱角及高出平面的造型,这些部位抛光时触及机会较多,容易磨穿漆膜。

步骤5:细抛。当漆面用粗抛光剂完成抛光后,漆面的打磨砂纸痕已经去除,漆面呈现部分光泽。此时需要用细抛光剂消除粗抛光机所产生的细小痕迹,使漆面更平滑、光亮。用干净的软布擦净前道抛光残留物,摇匀细抛光剂,将其均匀涂于黄色海绵轮表面,此时应将抛光机转速调整到1800r/min左右,按照粗抛光同样的方法均匀移动抛光。对于抛光机难以进行抛光的部位,可以使用专用抛光软布进行手工抛光,直到漆面抛亮即可。完成抛光后,使用干净的软布擦净涂面。此时漆面外观亮度及丰满度应已经达到合格,只是对于深色漆面,还可以看出细抛光剂抛光后的抛光轮转动痕迹,所以还需要继续使用更细的抛光剂进行细抛光。

步骤6:精抛。必要时(例如对于深色漆面),使用超细的抛光剂及黑色海绵轮对漆面继续进行抛光,以消除前一道抛光剂抛光后所造成的抛光痕迹。

## 四、评价与反馈

1. 自我评价

(1)通过对本学习任务的学习,你是否已经知道以下问题的答案:
①车漆的损伤程度有哪些?

_____

_____。

②不同汽车蜡的主要作用有哪些?

_____

_____。

(2)漆面微损修复注意事项：
_____
_____。

(3)实训过程完成情况如何？
_____
_____。

(4)通过对本学习任务的学习,你认为自己的知识和技能还有哪些欠缺？
_____
_____。

签名：_____    _____年___月___日

## 2. 小组评价

小组评价表见表11-3。

小组评价表　　　　　　　　　　　　表11-3

| 序号 | 评价项目 | 评价情况 |
|---|---|---|
| 1 | 着装是否符合要求 |  |
| 2 | 能否合理规范地使用工具和设备 |  |
| 3 | 是否按照安全和规范的流程操作 |  |
| 4 | 是否遵守学习、实训场地的规章制度 |  |
| 5 | 能否保持学习、实训场地整洁 |  |
| 6 | 团结协作情况 |  |

参与评价的同学签名：_____    _____年___月___日

## 3. 教师评价

_____
_____。

签名：_____    _____年___月___日

## 五、技能考核标准

技能考核标准见表11-4。

技能考核标准表    表11-4

| 序号 | 项目 | 操作内容 | 规定分 | 评分标准 | 得分 |
|---|---|---|---|---|---|
| 1 | 安全7S态度 | 1. 能进行工位7S操作；<br>2. 能进行设备和工具安全检查；<br>3. 能进行车辆安全防护操作；<br>4. 能进行工具清洁、校准、存放操作；<br>5. 能进行"三不落地"操作 | 15 | 未完成1项扣3分,扣分不得超过15分 | |
| 2 | 专业技能能力 | 1. 能按照标准流程对汽车车身漆面抛光作业；<br>2. 能按照标准流程对发动机舱盖进行抛光作业；<br>3. 能按照标准流程对保险杠进行抛光作业；<br>4. 能按照标准流程对翼子板进行抛光作业；<br>5. 能按照标准流程对车顶进行抛光作业；<br>6. 能按照标准流程对车门进行抛光作业 | 50 | 未完成1项扣5分,扣分不得超过50分 | |
| 3 | 工具及设备的使用能力 | 1. 能正确选用汽车蜡；<br>2. 能正确选用抛光盘套；<br>3. 能正确选用抛光工具；<br>4. 能正确选用汽车清洗工具；<br>5. 能正确使用擦拭工具 | 10 | 未完成1项扣5分,扣分不得超过10分 | |
| 4 | 资料及信息的查询能力 | 1. 能正确使用维修手册查询资料；<br>2. 能在规定时间内查询所需资料；<br>3. 能正确记录所查询资料章节页码；<br>4. 能正确记录所需维修信息 | 10 | 未完成1项扣5分,扣分不得超过10分 | |

续上表

| 序号 | 项目 | 操作内容 | 规定分 | 评分标准 | 得分 |
|---|---|---|---|---|---|
| 5 | 分析判断能力 | 1. 能正确判断漆面损伤程度；<br>2. 能正确判断车蜡是否被擦净，是否有车蜡残留；<br>3. 能正确判断哪些地方如何进行抛光作业，正确选择工具和清洁方法 | 10 | 未完成1项扣5分,扣分不得超过10分 | |
| 6 | 记录及撰写能力 | 1. 字迹清晰；<br>2. 语句通顺；<br>3. 无错别字 | 5 | 未完成1项扣2分,扣分不得超过5分 | |
| | 总分 | | 100 | | |

## 学习任务 12　漆面深度美容

### 学习目标

☆ **知识目标**

1. 熟悉漆面封釉、镀膜的作用；
2. 熟悉漆面封釉的工艺流程；
3. 熟悉封釉设备与工具的使用方法。

☆ **技能目标**

1. 能正确使用和维护汽车封釉工具和设备；
2. 能正确选用封釉材料；
3. 能独立完成漆面封釉工作任务；
4. 能树立良好的安全生产和环境保护意识；
5. 具有良好的团队合作能力、组织管理能力、创新能力。

### 建议课时

4课时

汽车美容技术

> 📖 **任务描述**

　　汽车漆面就像人的皮肤,而酸雨、氧化物、紫外线等就像是细菌、螨虫一样破坏汽车的"皮肤"。虽然,许多车主已经意识到汽车漆面美容的重要性,但汽车漆面美容不仅仅是打蜡抛光这么简单,还需要对漆面进行深度美容。目前,市场上对漆面深度美容主要是封釉和镀膜。

　　本次学习任务就是了解汽车封釉和镀膜的概念、作用和特点,熟悉汽车打蜡、封釉和镀膜的区别,掌握封釉和镀膜的操作方法,能正确地选用和维护漆面深度美容需要的产品、工具以及设备。

## 一、理论知识准备

### (一)汽车封釉

　　汽车封釉改变了打蜡一统天下的历史。汽车打蜡之后,存在着光泽保持时间短,不耐高温、酸雨,容易老化、氧化等问题。汽车封釉后,能有效地防氧化、耐高温、防褪色、防酸碱、防静电、抗高温、抗紫外线等。

　　釉是一种高分子结构的漆面保护剂,对漆面具有较强的渗透力。封釉是用柔软的羊毛或海绵通过振抛机的高速振动和摩擦,利用釉特有的渗透性和黏附性把釉分子强力渗透到汽车表面油漆的缝隙中去。封釉后的车身漆面能够达到甚至超过原车漆效果,使旧车更亮、新车更新,同时具备抗高温、密封、抗氧化、增光、耐水洗、抗腐蚀等特点,并为以后的汽车美容、烤漆、翻新奠定了基础。

#### 1. 封釉的功用

　　汽车在道路上行驶,很容易黏附灰尘、沙土等污垢。汽车经封釉美容后,车身漆面具有不易黏附污垢的特性,使得漆面即使在恶劣、重污染的环境中也能长久保持洁净,而且还可以有效地抵御温度对车漆造成的影响,漆面的硬度也得到大幅提高,具有防酸防碱、防褪色、抗氧化、防静电等功能。新车封釉可以留住车漆的艳丽,使光彩永驻;旧车封釉,可以使氧化褪色的车漆还原增艳,颇有翻新的效果。车展上的样车大多都经过了封釉处理,因此看起来晶莹剔透,光彩照人。

#### 2. 封釉的特点

　　汽车打蜡和封釉护理,二者同为汽车美容、保护汽车漆面光泽的护理手段。在功能上,二者有相同的地方,但和汽车打蜡比较,汽车封釉有着明显的优势。

1）釉剂不溶于水

釉剂会在汽车漆面渗透，并形成带固化剂的"液体玻璃"，而且层层积累，不溶于水。因此，汽车封釉后，不用担心被水溶解的现象发生，可以长期保护汽车漆面。

2）不损坏原有漆面

封釉不会损害汽车漆面。由于传统的汽车打蜡都要先洗车后打蜡，频繁地洗车自然会对汽车漆面造成危害，久而久之就会使漆层变薄。釉剂则是采用一种类似纳米技术的手段，使流动的釉剂在汽车漆面表层附着并以透明状硬化，相当于给汽车漆面穿上一层透明坚硬的"保护衣"，因此，可以起到保护汽车漆面的作用。

3）保护时间长

汽车封釉之后，可以保护一年左右，同时避免了经常洗车的烦恼，汽车表面的灰尘可以轻松擦去。

4）独有的漆面保护性和还原性

釉剂具有独有的漆面保护性和还原性，达到从根部护理，有效去除污垢，渗透、填塞漆缝的功能。

(二) 汽车镀膜

汽车镀膜，也称为镀晶，是指将某种特殊的药剂涂装在车漆表面，利用这种药剂在车漆表面的化学变化，形成一层很薄、坚硬、透明的保护膜，从而起到增亮车漆、提高漆面光泽度和防止轻微划痕的作用，其整体效果较汽车封釉要好。汽车镀膜对漆面的整体保护效果及持久程序都比封釉好，为广大中高档车主所钟爱。

1. 汽车镀膜的作用

(1) 汽车镀膜具有防止漆面氧化、老化的作用，因为电镀膜中的石油成分施工后会在车漆表面形成坚硬的非有机（玻璃晶体）膜层，与车漆紧密结合，永不脱落，并将车漆与空气完全隔绝，能有效防止外界因素导致的车漆氧化、变色等现象。

(2) 能够大幅提高车漆表面清漆的清澈度，使车漆看上去更加光彩夺目。

(3) 耐腐蚀。坚硬的非有机（玻璃晶体）膜层自身不会氧化，同时也防止外界的酸雨、飞虫、鸟粪等对车漆的腐蚀，致密的玻璃晶体膜具有超强抗腐蚀性，同时防止车漆褪色。

(4)耐高温。玻璃晶体膜本身具有耐高温的特点,能有效反射阳光,能有效反射外部的热辐射,防止高温对车漆的伤害。

(5)防划痕。坚硬的玻璃晶体膜层可以将车体表面的硬度提高到7H,远高于车蜡或釉2H~4H的硬度,能更好地保护车漆不受砂砾的伤害。

(6)易清洗。电离子镀膜具有超强的自洁性和泼水性,并不易黏附灰尘、污泽,清洗时只用清水即可达到清洗的效果,使车辆保持高清洁度和光泽度。

(7)超强的拨水性。坚硬的玻璃晶体膜层表面氟素处理后具有超强的拨水性,使水落在车体的瞬间收缩成水珠滑落,能有效地防止水垢的形成。

2.汽车镀膜的优势

(1)保持时间长久:一般的镀膜产品可以保持一年左右。

(2)成本低廉:虽然单次价格镀膜产品价格较高,但从日均成本而言,镀膜产品价格却是打蜡、封釉等汽车美容用品之中最低的。采用镀膜产品后,日常的维护如洗车等都会减少,不但节省了时间,还减少了维护成本。

(3)硬度高:对车漆的保护性强。镀膜类产品是在车漆上附着一层高硬度的薄膜,可以对车漆起到有效的保护作用。

(4)对车漆的损害最低:因为镀膜采用了温和的涂抹及擦拭的附着方式,靠膜本身的分子结合力附着在漆面上,避免损伤车漆。

(5)降低洗车频率:采用镀膜产品后,可以把每周一次的洗车延至每月一次,可以节约大量的时间。

(6)保值:采用了镀膜产品后,汽车使用几年后,漆面还光亮如新,汽车的评估价格也会因此而提升。

(7)外观靓丽,车漆更新:因为镀膜后,等于在车漆外部附着了一层无色的透明玻璃膜体,使车漆看上去更加光亮。

3.汽车镀膜产品种类

镀膜产品主要是以玻璃纤维素、经特殊改性的含硅氟聚合物等物质中的一种或几种组成,通过涂覆在油漆表面,将车漆与外界完全隔离。镀膜的厚度一般为10μm以下,镀膜的聚合物物质是稳定的,但高分子聚合物在空气中会老化,其长效性还需要接受时间考验。汽车镀膜产品依据所使用的材料不同大致可分为以下四类:树脂类镀膜、氟素类镀膜、玻璃纤维素镀膜、无机纳米镀膜。

1）树脂类镀膜

树脂镀膜特点是成膜性好，附着力强，价格便宜而被广泛应用，但其硬度与光泽度不好，同时抗氧化性能、抗腐蚀性能及耐候性都很差，因此逐渐被淘汰。

2）氟素类镀膜

氟素类镀膜成膜性好，耐腐蚀、耐候性、耐磨损的性能都非常优越。但其最大的缺点是附着力差，几乎所有物质都不与特氟龙涂膜黏合。因其无法与漆面长期附和，所以使它的保护时间变得非常短。

3）玻璃纤维素镀膜

玻璃纤维素是一种化学高分子材料，因为其具有高密度的化学特性，所以被应用在汽车美容领域。此类产品的主要成分是聚硅氧烷，成膜后会形成二氧化硅，俗称玻璃，因此也称玻璃质镀膜。玻璃纤维素镀膜具有光泽度高、抗氧化、耐酸碱、抗紫外线的特点，用来给汽车镀膜后，漆面光泽度很好，并把漆面与外界隔绝开来，起到了较好的保护作用。其缺点是：不能提高漆面硬度，不能抵御物理性损伤漆面；原材料成本高昂，同时施工工艺相对复杂。

4）无机纳米镀膜

无机纳米镀膜是近几年出现的镀膜新材料，它采用进口原料和先进的纳米交联反应新技术，由纳米无机材料配制而成，纳米材料独有的特性能给车漆提供完美的保护。其主要成分为纳米氧化铝、纳米氧化硅。纳米级别的粒子为球形，润滑性极高，因此施工后漆面手感极其润滑。而氧化铝、氧化硅是天然宝石、水晶的主要成分，因此膜层的硬度、耐磨性极高，而且本身非常稳定，不易氧化，能长效保持漆面的镜面效果，因此也称为"液体水晶"。该镀膜最大的特点就是，不但能隔绝漆面与外界的直接接触，起到防氧化、防水、防高温、防紫外线、防静电、防酸碱等基本作用，还能大幅提升漆面的硬度和光泽度，这是其他汽车镀膜所欠缺的功能。

## （三）设备工具的选用

封釉机是封釉的专用电动或气动工具，如图12-1所示。它可以通过高频率振动与快速转动，与漆面摩擦产生热量，使漆面局部产生一定程度的扩张，于是釉剂通过振动均匀的挤压渗透到漆面中，并在漆面上形成一层极薄的保护膜，以有效地保护和美化漆面。

封釉机的使用与抛光机相似。封釉机一般采用吸盘式封釉海绵轮与封釉机的托盘相连。

封釉机　　　　　　　封釉海绵

图 12-1　封釉机与封釉海绵

## 二、任务实施

### 1．准备工作

1）工位准备

要求工位无闲杂人等，无杂物，车辆通行顺畅，通风排水顺畅；检查水、电、气等是否正常供给。

2）安全防护

按规范穿戴好工作服、劳保鞋、手套等安全防护用品，做好个人安全防护。

3）工具设备材料准备

施工前应准备好所有工具设备和材料，清单参见表 12-1。

漆面深度美容工具设备和材料清单　　　　　　　　　　　表 12-1

| 序号 | 工具设备材料名称 | 检查要求 | 检查频率 | 检查人员 |
|---|---|---|---|---|
| 1 | 空气压缩机 | 环境通风，电源正常，机油正常处在红线标识上方 | 每日一次 | 小组轮查 |
| 2 | 空气压缩机储气罐 | 管道密封，通气阀打开 | 每日一次 | 小组轮查 |
| 3 | 高压清洗机 | 皮带正常，对应的水桶水量充足 | 每日一次 | 小组轮查 |
| 4 | 汽车清洗车组合鼓 | 管道伸缩是否顺畅 | 每日一次 | 小组轮查 |
| 5 | 工具车 | 每人一辆，施工时随身摆放，所有工具不落地、材料不落地 | 每车一次 | 自查 |
| 6 | 储物盒 | 分别摆放干净的毛巾、干净的海绵、辅料和工具 | 每车一次 | 自查 |
| 7 | 毛巾 | 漆面一条、玻璃一条、内饰一条和底边门边等以下部位一条 | 每车一次 | 自查 |
| 8 | 封釉机 | 气动式封釉机两个 | 每车一次 | 自查 |

续上表

| 序号 | 工具设备材料名称 | 检查要求 | 检查频率 | 检查人员 |
|---|---|---|---|---|
| 9 | 纸胶带 | 足量,用于遮蔽保护 | 每车一次 | 自查 |
| 10 | 专用封釉海绵 | 每辆车两个 | 每车一次 | 自查 |
| 11 | 各类釉剂 | 看里面液体或固体剩余量是否充足 | 每车一次 | 自查 |
| 12 | 洗车机水管 | 看洗车机水管是否在工位,以防车压 | 每车一次 | 自查 |
| 13 | 小毛刷 | 每车两个 | 每车一次 | 自查 |

2.技术要求与注意事项

汽车封釉后需要注意以下几点。

(1)封釉后8h内切记不要用水冲洗汽车,因为在这段时间内,釉层还未完全凝结将继续渗透,冲洗将会冲掉未凝结的釉。

(2)做完封釉美容后尽量避免洗车,因为产品可防静电,因此一般灰尘用干净柔软的布条擦去即可。

(3)做了封釉美容后不要再打蜡,因为蜡层可能会黏附在釉层表面,再追加上釉时会因蜡层的隔离而影响封釉效果。

(4)由于釉的不同,再加上路况和环境的影响,一般是3个月到半年封一次釉效果最好。

3.操作步骤

1)车身遮蔽

使用遮蔽膜与美纹纸遮蔽。遮蔽主要部位为非抛光部位漆面覆盖部件,如前后风窗玻璃、门拉手、车灯、密封胶条等,如图12-2所示。

2)漆面封釉

首先将适量釉液滴到封釉海绵上,再将封釉机垂直放在漆面上均匀涂开,启动封釉机在漆面上进行直线往复的封釉操作,如图12-3所示。釉膜要做到薄厚均匀,每道涂布相应与上道涂布区域要有至少1/2的重叠。

图12-2 车身遮蔽

漆面封釉的顺序为:左前发动机舱盖→右前发动机舱盖→右前翼子板→右前车顶→右前车门→右后车顶→右后车门→右后翼子板→行李舱盖→后保险杠→左

后翼子板→左后车顶→左后门→左前车顶→左前门→左前翼子板→前保险杠。

图 12-3　漆面封釉

封釉时注意尽量别将釉粉飞溅到缝隙里。

3）手工抛光

漆面封釉完成之后 5～10min 开始抛光。手工抛光的顺序同漆面封釉的顺序，要求将漆面完全擦亮，无釉膜残留，如图 12-4 所示。

4）检查封釉效果

使用小毛刷将车漆缝隙（如车门亮条、油箱盖等）中的釉屑清理干净，如图 12-5 所示。要求使用小毛刷时力道要轻、不得将漆面刷毛，经处理后，全车漆面缝隙中无釉屑残留。

图 12-4　手工抛光　　　　　　　图 12-5　釉屑清理

三、学习拓展

镀膜是在总结了打蜡及封釉的优点及不足后，以新的环保原料和新的车漆维护理念创新的车漆维护换代工艺。经过镜面镀膜技术处理后，汽车外表面的镜面亮度明显提高,保护膜本身的硬度为普通车漆的 4～5 倍,其持久性是打蜡的 100 倍,为封釉的 12 倍。与打蜡、封釉相比镀膜为何有如此大的功效呢?

下面介绍一下镀膜与打蜡、封釉的区别。

1)原料选用不同

釉与蜡都是从石油中提炼,加上一些辅助原料制成,因受原料所限,容易氧化、不持久的问题无法解决。所以,新的保护膜采用植物及硅等环保又稳定的原料提炼合成,避免了在车漆表面造成"连带氧化"的问题,并可长期保持效果。

2)维护理念不同

封釉与打蜡的维护理念是将"釉"或"蜡"加压封入车漆的空隙中,与车漆结合到一起。优点是与车漆融为一体,增亮效果明显。不过因为它们本身的易氧化性,所以会连带周围的漆面共同氧化(漆面发污,失去光泽)。为避免这个缺陷,保护膜采取了两个措施:

(1)采用不氧化原料及稳定的合成方式(如氟碳树脂)。

(2)变结合为"覆盖":以透明"膜"的形式附着在漆面,避免漆面受外界损伤。同时也避免了保护剂本身对车漆的影响,长期保持车漆的原厂色泽。由于膜本身结构紧密,很难破坏,使得它可以大幅降低外力对漆面的损伤。

3)操作工艺不同

原料及理念的差异,必然造成工艺上的区别:"釉"和"蜡"因为要与漆面充分结合所以附着方式要用高转数的抛光机把药剂加压封入漆面(所以称封釉)。但这种压力同时作用在漆面上会造成漆面损伤。镀膜采用了温和的涂抹及擦拭的附着方式,靠膜本身的分子结合力附着在漆面上形成保护膜,避免损伤车漆。汽车打蜡、封釉、镀膜的区别见表 12-2。

**汽车打蜡、封釉、镀膜区别** 表 12-2

| 项目 | 工艺 | | |
|---|---|---|---|
| | 打蜡 | 封釉 | 镀膜 |
| 保持时间 | 1～2 个月 | 6～12 个月 | 12～24 个月 |
| 价格 | 30～150 元/次 | 500～800/次 | 800～2500/次 |
| 原料 | 石油提取物 | 石油提取物 | 无机物 |
| 原理 | 蜡层覆盖漆面 | 釉渗入漆面中 | 保护膜附着漆面 |
| 硬度 | 几乎没有 | 稍有硬度 | 硬度高 |

汽车美容技术

## 四、评价与反馈

1. 自我评价

(1)通过对本学习任务的学习,你是否已经知道以下问题的答案:

①汽车封釉的作用是什么?

_____

_____。

②什么汽车镀膜?

_____

_____。

(2)汽车封釉注意事项:

_____

_____。

(3)实训过程完成情况如何?

_____

_____。

(4)通过对本学习任务的学习,你认为自己的知识和技能还有哪些欠缺?

_____

_____。

签名:_____ _____年___月___日

2. 小组评价

小组评价表见表12-3。

小组评价表　　　　　　　　　　　表12-3

| 序号 | 评价项目 | 评价情况 |
| --- | --- | --- |
| 1 | 着装是否符合要求 | |
| 2 | 能否合理规范地使用仪器和设备 | |
| 3 | 是否按照安全和规范的流程操作 | |
| 4 | 是否遵守学习、实训场地的规章制度 | |
| 5 | 能否保持学习、实训场地整洁 | |
| 6 | 团结协作情况 | |

参与评价的同学签名:_____ _____年___月___日

3. 教师评价

_____

签名：_____ _____ 年___月___日

## 五、技能考核标准

技能考核标准见表12-4。

技能考核标准表　　　　　　　　　　　表12-4

| 序号 | 项目 | 操作内容 | 规定分 | 评分标准 | 得分 |
|---|---|---|---|---|---|
| 1 | 安全7S态度 | 1.能进行工位7S操作；<br>2.能进行设备和工具安全检查；<br>3.能进行车辆安全防护操作；<br>4.能进行工具清洁、校准、存放操作；<br>5.能进行"三不落地"操作 | 15 | 未完成1项扣3分，扣分不得超过15分 | |
| 2 | 专业技能能力 | 1.能按照标准流程对发动机舱盖进行封釉作业；<br>2.能按照标准流程对保险杠进行封釉作业；<br>3.能按照标准流程对翼子板进行封釉作业；<br>4.能按照标准流程对车顶进行手工打蜡作业；<br>5.能按照标准流程对车门进行封釉作业；<br>6.能按照标准流程对全车进行手工抛光作业 | 50 | 未完成1项扣5分，扣分不得超过50分 | |
| 3 | 工具及设备的使用能力 | 1.能正确选用釉剂；<br>2.能正确使用封釉机；<br>3.能正确选用抛光工具 | 10 | 未完成1项扣5分，扣分不得超过10分 | |

续上表

| 序号 | 项目 | 操作内容 | 规定分 | 评分标准 | 得分 |
|---|---|---|---|---|---|
| 4 | 资料及信息的查询能力 | 1. 能正确使用维修手册查询资料；<br>2. 能在规定时间内查询所需资料；<br>3. 能正确记录所查询资料章节页码；<br>4. 能正确记录所需维修信息 | 10 | 未完成 1 项扣 5 分,扣分不得超过 10 分 | |
| 5 | 分析判断能力 | 1. 能正确判断漆面污染程度；<br>2. 能正确判断釉剂是否被擦净,是否有釉剂残留；<br>3. 能正确判断哪些地方如何进行抛光作业,正确选择工具和清洁方法 | 10 | 未完成 1 项扣 5 分,扣分不得超过 10 分 | |
| 6 | 记录及撰写能力 | 1. 字迹清晰；<br>2. 语句通顺；<br>3. 无错别字 | 5 | 未完成 1 项扣 1 分,扣分不得超过 5 分 | |
| | | 总分 | 100 | | |

# 项目六 汽车贴膜

## 学习任务13 车窗玻璃贴膜

 学习目标

☆ 知识目标

1. 熟悉汽车车窗贴膜所需工具及耗材用品的选用;
2. 熟悉汽车车窗玻璃贴膜的工艺流程和操作要领;
3. 熟悉汽车车窗贴膜所需无尘车间的使用方法及管理规章;
4. 熟悉清洁剂、贴膜剂的性能及使用方法。

☆ 技能目标

1. 能正确引导车辆进入无尘车间工位,熟练使用无尘车间降尘功能;
2. 能熟练使用工具对汽车车窗玻璃进行清洁作业以及遮蔽作业;
3. 能按照标准流程对汽车前、后风窗玻璃进行贴膜作业;
4. 能按照标准流程对汽车侧窗玻璃进行贴膜作业;
5. 能正确判断汽车各车窗玻璃贴膜的效果是否合格;
6. 能遵守无尘车间安全规定,按照安全管理条例整理工具、设备和工作现场。

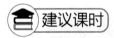 建议课时

6课时

任务描述

阳光直射下人体会感觉到热,这是阳光中红外线的热效应所致,而长时间日晒,阳光里的紫外线会引起皮肤色素沉着、皮温过高等损害,使皮肤未老先衰,甚至诱发癌症,而汽车车窗玻璃普遍是透明无隔热功能。同时,长时间太阳暴晒会使车内的温度升高,经常被暴晒的汽车内饰塑料橡胶件容易老化,造成内饰件褪色,降低内饰件的使用寿命。为避免太阳光对驾乘人员及汽车内饰件的伤害,人们通常会在汽车车窗玻璃上贴一层隔热防晒的玻璃膜。

本次学习任务就是将汽车前风窗玻璃、后风窗玻璃、侧窗玻璃以及天窗玻璃彻底清洁,并且完成全车汽车车窗玻璃贴膜作业。

## 一、理论知识准备

汽车车窗玻璃贴膜是指在汽车的前风窗玻璃、后风窗玻璃、侧窗玻璃以及天窗玻璃贴上的一层薄膜材料,来阻隔阳光对人体皮肤和汽车内饰塑料橡胶件的伤害,而这种薄膜材料经常被称为太阳膜或隔热膜。

### (一)汽车车窗玻璃膜与太阳光

1. 太阳光谱

太阳光的成分很复杂主要是可见光(50%)、红外线(43%)、紫外线(7%)三部分,约占太阳能量的99%。

紫外线(UV):波长在190~400nm之间,其特点是穿透性强,具有较强的杀伤力,可以用来杀菌,可使人体皮肤黑色素沉积,皮肤变黑,过度的紫外线暴晒会导致皮肤癌,也会导致塑料橡胶等物品老化褪色。

可见光(VL):波长在400~700nm之间,是肉眼可见的唯一光谱,对人体没有直接伤害,可见光波段进一步可以分为红、橙、黄、绿、蓝、靛、紫七种颜色。

红外线(IR):波长在700~2500nm之间,其特点是具有较强的热效应,我们可以直接感受到阳光"不可见"的热量,所含能量最大,热量也高,如图13-1所示。

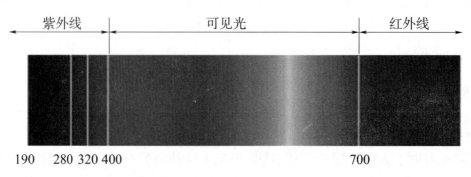

图13-1 太阳光谱(单位:nm)

2. 专业术语

可见光透过率(VLT):玻璃透过的可见光通量与太阳光入射可见光通量之比。前风窗玻璃透光率不得低于70%。

可见光反射率(VLR):玻璃反射的可见光通量与太阳光的入射可见光通量之比。

太阳能阻隔率(TSER):指被阻隔的太阳能量(主要是可见光、红外线和紫外线)和照射在物体表面的总太阳能量之比。它是衡量膜隔热性能的一个重要参数。值得注意的是,在整个太阳光谱中,红外线的能量只占53%,所以高的红外线阻隔率并不一定意味着高的隔热性。

紫外线阻隔率(UVR):即玻璃阻隔的紫外线通量与太阳光的入射紫外线通量之比。

### (二)车窗玻璃膜认识

#### 1. 车窗玻璃膜的分类

车窗玻璃贴膜可分为三大类:染色膜、金属膜、磁控溅射膜。为便于理解,通常将车窗玻璃贴膜细分为以下6种:

(1)染色膜:这种膜价位非常低,厚度较薄、不隔热、易褪色。花费100~200元就可以贴完全车玻璃。"牙腰掉色"是这种膜最显著的特色。

(2)涂布印刷膜:这种膜是韩国特有的一种工艺,厚度较厚,隔热较好,但是透视性较差。

(3)普通金属膜:这种膜是在无色的原膜层上喷溅金属制造成的,常采用铝、铁金属作为喷溅材料。这种膜主要产自中国、印度、日本、美国,也是市场上最普通的是这种金属膜。

(4)纳米陶瓷膜:这种膜是以纳米氮化钛为基础,结合磁控溅射技术与金属氮化技术制造成的,经久耐用,不易腐蚀,不干扰电磁信号。其产地较为广泛,中国、美国、日本等都有生产这类膜。

(5)贵重金属膜:名如其义,这种膜也是在无色原膜层上喷溅金属,不同的是喷溅材料为铬、钛、铂等贵重金属。另外,这种膜采用磁控溅射技术,工艺较为复杂。这种膜颜色自然,透光性和隔热性好。

(6)磁控溅射膜:又称磁控溅射金属膜,采用多层磁控溅射工艺打造而成,将多层的聚酯膜叠加在一起,制成仅有0.05mm厚的隔热膜,具有可见光透过率高、隔热性好、不褪色、使用寿命长、无电磁信号干扰等特点。

#### 2. 车窗玻璃膜的分层结构

一般未贴膜玻璃的透光率在85%~93%之间,驾驶时人眼最适合的透光率在70%~78%之间,太透了会感到晃眼和眩光。对于视力不好的驾驶人,最好选择透光率在73%以上的膜。

车窗玻璃贴膜通常由多层不同分子结构的材料组合成,以3M汽车车窗玻璃贴膜为例(图13-2),它由耐磨外层、安全基层、隔热层、防紫外线层、感压式黏胶层、"易施工"胶膜层和透明基材等7层材料组成。车窗玻璃贴膜这些不同分子结构的材料,提供了汽车膜在贴合时和使用中的不同作用。但是车窗玻璃贴膜并不是层次越多越好,层数太多会影响玻璃的透光率。

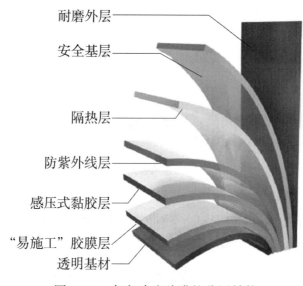

图13-2 车窗玻璃贴膜的分层结构

(1)耐磨外层:这层材料是透明的丙烯酸,非常坚韧且耐刮擦,涂布在防爆膜外层,通常被叫作防划伤层,既能保证正常升降车窗时膜的表面不被划伤,保证视野的清晰,又能保证玻璃的日久如新。

(2)安全基层:这层材料是透明的聚氨酯,透明且具有非常强的耐冲击能力,即使是在强外力的作用下,依然能保护车窗完好无损,长期有效地保护车内乘客安全,万一受到外来冲击力,该层能起到阻挡冲击、减少外来伤害的作用,还能有效过滤对方远光灯中的眩光。通常说的防眩光功能,就是由这一层来完成的。

(3)隔热层:汽车隔热功能靠这一层来体现。这层是纳米级金属层,将铝、银、镍等对红外线有较高反射率的金属运用真空磁控溅射技术来形成的,这些金属层将有选择地将阳光中的红外线反射回去,达到阻隔热量的效果。车膜的隔热性能,取决于它的反射和吸收能力。反射越强吸能越强,隔热率也就越高。

（4）防紫外线层：该层结构能把通过隔热层的部分紫外线再次吸收。这层材料是在防爆膜上涂布的一层特殊涂层，该涂层能将阳光中99%的UVA和UVB（即紫外线A和红外线B）隔断，从而达到保护汽车内饰及车内乘客免受紫外线侵害。高品质的车膜能通过这一层把通过隔热层的紫外线再次吸收，不仅能有效防止车内的人被过量紫外线照射灼伤皮肤，还能保护内饰不被晒坏。

（5）感压式黏胶层：这层材料是防爆膜品质的重要保障，既要非常清晰，不影响驾驶人视野，又要能抵抗紫外线，不变色，同时还要有非常强的黏结力，在有一定外力冲击的情况下，能够将破碎的玻璃黏附住，避免玻璃碎片飞溅而伤害到车内人员。

（6）"易施工"胶膜层：这层材料主要由玻璃状的黏胶组成，主要是在隔热膜施工过程中使得膜在玻璃上易于移动，可以更加方便地施工，而一旦定型结束，只要用刮板用力施压玻璃微珠状的黏膜破裂，就能更加有效地增加隔热膜和玻璃的黏结力。

（7）透明基材：这层材料是可以剥离掉的隔离层，主要保护隔热膜，在给汽车施工过程中会将该层剥离掉。

3. 车窗玻璃膜的性能指标

（1）透光度和清晰性：这是汽车玻璃膜中关乎行车安全的最重要的指标，建议用户不要选择透光度太低的汽车玻璃膜，尤其是前排两侧的车窗膜应选择透光度在85%以上的为宜。

（2）隔热率：是体现汽车隔热性能的重要指标，品质好的汽车防爆膜能反射红外线，有效降低车表温度。

（3）防爆性能：是涉及安全的又一项重要性能。优质防爆膜本身有很强的韧性，玻璃破裂后可被玻璃膜粘牢不会飞溅伤人，且抗冲击性能很强。

（4）紫外线阻隔率：高品质的玻璃膜一般不低于98%，能有效防止过量的紫外线灼伤人的皮肤，还能缓解内饰件的老化。

（5）膜面防划伤性能：优质高档的玻璃膜表面有一层防划伤层，在正常使用下能保护膜面不易被划伤。

4. 车窗玻璃贴膜的选择

市场上出售的汽车车窗玻璃贴膜品牌众多，价格悬殊，在选择时可以从以下

几个方面进行判断:

(1)清晰度鉴别:不论膜的颜色深浅,优质膜在夜间的清晰度应在6m以上,而劣质膜会有雾蒙蒙的感觉。

(2)手感鉴别:优质玻璃膜手感厚实平滑,有很强的韧性和抗冲击性能,表面经过硬化处理耐磨损,长期使用也不会划伤表面;而劣质玻璃膜手感很软,缺乏足够的韧性,在安装中刮刀排水或者使用过程中摇动玻璃后,会在膜上留下划痕,同时不耐紫外线照射,易老化发脆。

(3)色泽鉴别:优质膜的颜料是融合在车膜里,经久耐用,不易褪色。在粘贴过程中,经刮板涂刮后也不会脱色。劣质膜的颜色在胶中,撕开车膜的内衬后,用指甲刮一下颜色就容易调色。

(4)气泡鉴别:撕开车膜的塑料内衬后,再重新复合时,劣质膜会起气泡,而优质膜复合后完好如初。

(5)隔热性鉴别:这是玻璃膜的重要指标之一,测试方法是在一个碘钨灯上放一块贴着车膜的玻璃,用手感觉不到一丝热的就是优质膜。

(6)气味鉴别:劣质膜的胶层残留溶剂中,苯含量高,会有异味,而好的膜在出厂前已经过专业的处理,异味较小。

(三) 车窗玻璃贴膜的作用

汽车车窗玻璃贴膜的作用有以下几点:

(1)降热降温:车窗玻璃贴膜能有效阻断红外线,隔热率可达到50%~70%,起到隔热和保持车内凉爽的作用。

(2)抵御紫外线:高质量的玻璃膜能阻隔99%以上的紫外线,不仅能有效防止驾乘人员被过量的紫外线照射,还能保护车内饰件的老化,延长使用寿命。

(3)防爆抗划痕:车窗玻璃贴膜能吸收碰撞时的冲击力,使汽车玻璃破碎飞溅的可能性降低到最低,最大限度地避免意外事故对驾乘人员的伤害。同时,玻璃膜有一定的厚度,能较好地保护车窗玻璃被划伤。

(4)防眩光:好的玻璃膜能过滤部分眩光,减弱可见光的强度,有助于改善车主的视野,确保驾驶安全。

(5)创造最佳美观:车膜能按车窗玻璃呈现丰富的色泽,给汽车增添了美观。

(6)保护隐秘性:色泽较深的玻璃膜降低了由外而内的透视度,增加隐秘效果,能避免因为车内人员或财物引起了歹徒的觊觎或恶意破坏。

## （四）车窗玻璃贴膜所需工具

俗话说"三分膜，七分贴"，一张好的汽车车窗玻璃贴膜也需要好的贴膜作业。而车窗玻璃贴膜工具则关系到是否能够发挥出汽车膜的性能，以及最终在车上的呈现效果，并且关系到施工的质量和效率。车窗玻璃贴膜所需工具繁多，且多为专用工具，根据用途可分为保护工具、清洁工具、排水工具、裁膜工具和热成型工具五类。正确选择工具对车窗玻璃贴膜的施工非常重要，常用工具如下。

### 1. 保护工具

车窗玻璃贴膜作业保护工具见表13-1。

**车窗玻璃贴膜作业保护工具**　　　　　　　　　　表13-1

| 序号 | 保护工具 | 图示 | 功能及使用方法 |
|---|---|---|---|
| 1 | 保护膜 | | （1）防止内饰部件和车身被清洗液和安装液淋湿，或液体残留而产生难以去除的污渍。<br>（2）可以预防清洗液和安装液通过各缝隙进入内饰部件内部，导致电器元件损坏 |
| 2 | 毛巾 | | （1）用来保护仪表台、座椅等内饰。<br>（2）垫放工具，防止工具划伤和吸收流淌下来的清洗液和安装液 |

### 2. 清洁工具

车窗玻璃贴膜作业清洁工具见表13-2。

**车窗玻璃贴膜作业清洁工具**　　　　　　　　　　表13-2

| 序号 | 清洁工具 | 图示 | 功能及使用方法 |
|---|---|---|---|
| 1 | 压力喷壶 | | 盛放玻璃清洗液和安装液，可以用来清洁玻璃或是粘贴时在待粘贴表面形成水膜，便于移动对位 |

续上表

| 序号 | 清洁工具 | 图示 | 功能及使用方法 |
|---|---|---|---|
| 2 | 铲刀 |  | 清除玻璃上的顽固污渍和残留的粘贴物 |

**3. 排水工具**

车窗玻璃贴膜作业排水工具见表 13-3。

车窗玻璃贴膜作业排水工具　　　　表 13-3

| 序号 | 排水工具 | 图示 | 功能及使用方法 |
|---|---|---|---|
| 1 | 橡胶刮水铲 |  | 用于贴膜定位及贴膜后的彻底排水，也可以用于热成型时的塑形工具 |
| 2 | 橡胶刮板 |  | 用于排水，具有排水彻底的特点 |
| 3 | 小号塑料刮板 | 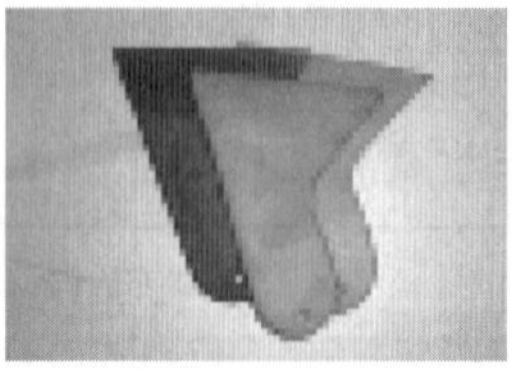 | 适合于小窗的排水作业，以及贴膜后边缝隙处的彻底排水 |

**4. 裁膜工具**

车窗玻璃贴膜作业裁膜工具见表 13-4。

**5. 热成型工具**

车窗玻璃贴膜作业热成型工具见表 13-5。

项目六　汽车贴膜

车窗玻璃贴膜作业裁膜工具　　　　　　　　　　　　　表 13-4

| 序号 | 裁膜工具 | 图示 | 功能及使用方法 |
|---|---|---|---|
| 1 | 裁切刀 |  | 用来裁剪玻璃贴膜，修饰形状，与保护膜分离。裁膜时，为了精确地裁出玻璃贴膜，同时又不划伤玻璃，必须掌握正确的持刀方法 |
| 2 | 测量尺 | 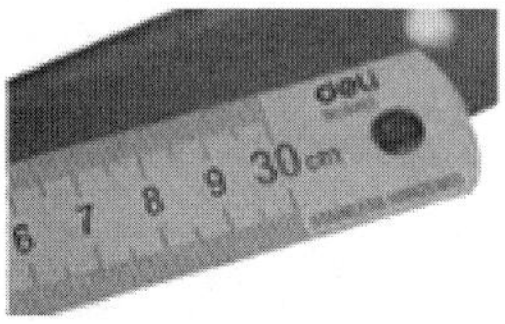 | 用来测量车窗和玻璃贴膜的尺寸，便于粗裁，裁膜时取直 |
| 3 | 裁膜工作台 | 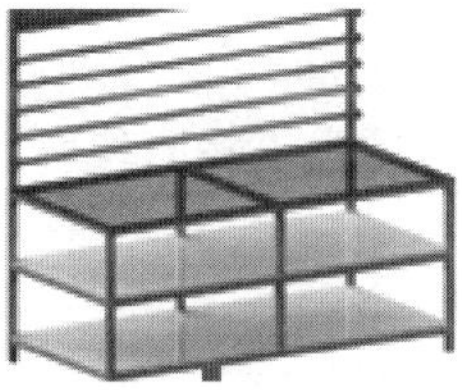 | 用来摆放玻璃贴膜和玻璃贴膜粗裁时的操作台，要求平滑但不能过硬 |

车窗玻璃贴膜作业热成型工具　　　　　　　　　　　　表 13-5

| 序号 | 热成型工具 | 图示 | 功能及使用方法 |
|---|---|---|---|
| 1 | 热风枪 | 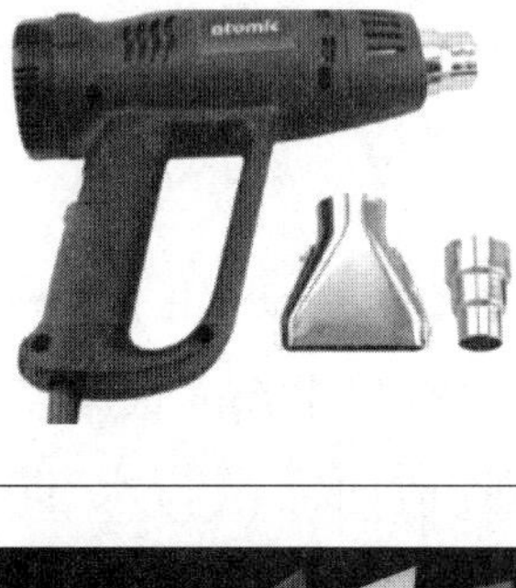 | 加热玻璃贴膜，使其收缩变形，达到与玻璃一致的形状 |
| 2 | 大号塑料刮板 | 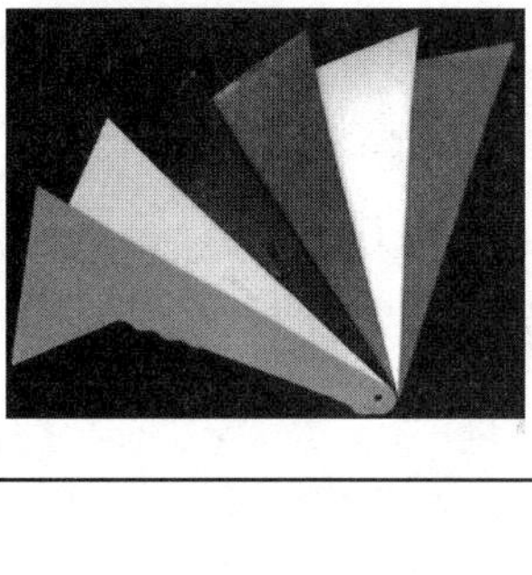 | 刮平玻璃贴膜，玻璃贴膜加热收缩后辅助成型，玻璃贴膜排水，清洁玻璃 |

### (五)车窗玻璃贴膜所需耗材用品

汽车车窗玻璃在贴膜作业过程中,所需耗材用品包括玻璃清洗剂、除胶剂和安装液(表13-6)。

车窗玻璃贴膜所需耗材用品　　　　表13-6

| 序号 | 耗材用品 | 图示 | 功能及使用方法 |
|---|---|---|---|
| 1 | 玻璃清洗剂 | | 去除玻璃表面及微孔中的油渍污渍 |
| 2 | 除胶剂 | | 用于去除旧玻璃膜剥离后留下的残胶 |
| 3 | 安装液 | | 便于玻璃贴膜的滑动定位,按使用说明规定比例稀释后使用,也可依据个人习惯、车膜性质、安装液本身浓度增加或减少比例 |

### (六)车窗玻璃贴膜无尘车间

车窗玻璃贴膜无尘车间(图13-3)的建设要求如下:

(1)空间尺寸:宽度不少于4m,长度不少于6m,最小空间不低于24m²。

(2)车间装修:墙面需做防水处理;地面需做防水、防滑处理,环绕排水管道;顶部需做有效处理,不得从高处有尘埃溅落,需安装点状灯,线型灯和方形灯,灯色为中色和暖色灯两种,灯光距地面高度3m左右。

(3)工位配备:需配置玻璃贴膜要求的喷淋系统、降尘设备、压缩空气源以及配备220V电源(最好采用悬空安装,可方便施工,以免电线与车身刮擦与潮湿地面接触)。

项目六　汽车贴膜

图 13-3　车窗玻璃贴膜无尘车间

（七）车窗玻璃膜热定型烤膜法

热定型烤膜法全称为车膜见曲面加热预定型烤膜，几乎所有的前风窗玻璃都有轻微的曲面，将一张平面玻璃膜铺在上面会发现玻璃膜上有很多皱褶，为了确保玻璃膜能精确地贴合在玻璃内侧的曲面弧度上，需要对膜进行曲面的加热预定型处理，这是车膜装贴中非常重要的一步。

目前，烤膜方法分为五种：湿烤定型法、干烤定型法、干湿结合定型法、拉深定型法、内灌风定型法，其中前三种比较常见，而干湿结合定型法应用最多。

1）湿烤定型法

湿烤定型法是一种传统的针对弧度较小的玻璃进行贴膜方法。由于现在车型玻璃的弧度加大，纯湿烤的方法处理起来难度较大，且效率较低，因此其应用越来越少。

基本操作方法：先将玻璃清洗干净，均匀地喷涂安装液与玻璃外表面；将粗裁好的玻璃膜放在玻璃上，弧度产生的气泡要有大有小；逐一加热定型，根据玻璃膜收缩程度慢慢以硬塑料刮板挤压平整。湿烤定型法的优点是玻璃膜受热快、施工便捷、可一次成型。湿烤定型法的缺点是受热温度较高时易造成破裂；车膜收缩较小且收缩不均，施工难度较大；刮板与热风烤枪配合较难，配合不当时易产生褶痕。

2）干烤定型法

干烤定型法是一种独创的烤膜方法，即无水烤膜整形法，用这种方法能使整型后的窗膜更精确地符合玻璃的弧度。其原理是采用空气代替窗膜与玻璃之间的水，利用滑石粉用于保证窗膜的防划伤层不因静电作用而吸附在玻璃上，使膜在玻璃上能充分、自由地滑动。

其基本操作方法：将玻璃清洗干净，用热风枪将玻璃表面的水分吹干；将滑石粉均匀涂抹在玻璃外表面，目的是让车膜收缩均匀、增加玻璃的光滑度、刮膜时更轻松;用湿纸巾在玻璃之间画一道3cm的湿线用于固定玻璃膜;将粗裁好的玻璃膜铺在玻璃表面,将玻璃两侧的车膜固定;用手稍微将气泡分均匀,裁好边;烤膜时要将气泡分成大小均匀的等份,一边烤膜一边注意膜的收缩程度,当玻璃膜上出现皱纹状收缩时要用手一刮到底。

干烤定型法优点是车膜受热均匀,不易造成玻璃破裂;玻璃膜收缩范围大且均匀;操作时无须刮板配合,不会产生褶痕。干烤定型法的缺点是加热时难判断玻璃膜的收缩程度,玻璃膜收缩后需采用湿法收边,步骤比较烦琐。

3) 干湿结合定型法

干湿结合定型法是对于厚度小于0.0762mm的玻璃膜,适合任何贴膜困难的车型,当干烤后无法确定玻璃膜与玻璃弧度的吻合程度是否一致而采取的方法。其基本操作方法:干烤完成后将膜从玻璃上揭起;在玻璃上均匀地喷射安装液,再将玻璃膜贴在玻璃上,用塑料刮板把水挤出;用湿烤的方法将残留的气泡烤平。在使用干湿结合定型法时要注意避免玻璃承受冷热刺激,造成玻璃破裂。

4) 拉深定型法

拉深定型法主要适用于横向收缩较好的车膜。其基本操作方法:将玻璃清洗干净,用热风烤枪将玻璃表面的水分吹干;用湿纸巾在玻璃之间画一道3cm的湿线用于固定玻璃膜;粗裁好的玻璃膜铺在玻璃表面,上下多留出5~8mm;在上下膜边有气泡的地方割几个小口;烤膜时将车膜提起,与玻璃约呈15°,用力向下拉紧,热风枪由上至下均匀旋转,观察玻璃膜的收缩程度;烘烤完后切出多余边料,适当烘烤玻璃膜边部,使膜边收缩,也可再喷水进行湿烤。

拉深定型法优点是玻璃膜受热程度高,收缩范围大且均匀;操作时无须刮板配合,不会产生褶痕;施工速度快,大弧度的车型也可轻松完成施工。拉深定型法的缺点是玻璃膜加热时难控制温度,易造成收缩过度;需要成熟的操作经验;材料消耗较多。

拉深定型法注意事项:根据玻璃膜性能调整热风枪温度,烘烤温度控制在280~350℃之间;温度过高时对于金属含量较高的玻璃膜会出现金属丝明显的现象;烤膜时要注意顺序,从中间开始依次向两边进行。

5) 内灌风定型法

内灌风定型法是除横向裁切的车膜均可采用的方法。其基本操作方法为:将玻璃清洗干净,在玻璃外表面均匀地喷洒安装液;将粗体裁好的玻璃膜放在玻璃表面,用塑料刮板进行定位,把气泡分均匀;在气泡1/3处轻轻烘烤一下,做个节;用热风枪从气泡口上玻璃之间灌风,当泡的边缘贴在玻璃上时快速用烤枪对气泡进行加热,并用塑料刮板将气泡刮平。

内灌风定型法的优点是玻璃膜收缩范围大且均匀,施工方便快捷;可与干烤法结合效果明显;玻璃弧度较大或车膜较厚时也可以轻松完成烘烤。缺点是不适合横向烤膜;相对于干烤与拉深法,玻璃安全存在隐患。

内灌风定型法注意事项:温度控制在280~330℃之间,灌风时间在3~5s之间。

施工人员在对车窗玻璃膜裁剪时,需要根据热成型的方法来选择横裁还是竖裁(玻璃的横向与膜的卷曲方向一致),定型时将玻璃膜的保护膜朝外,如图13-4所示。

图13-4 车窗玻璃贴膜塑形过程

## 二、任务实施

1. 准备工作

1)工位准备

要求工位无闲杂人等,无杂物,车辆通行顺畅,通风排水顺畅;检查水、电、气等是否正常供给。

2)安全防护

按规范穿戴好工作服、劳保鞋、手套等安全防护用品,做好个人安全防护。

3)工具设备材料准备

施工前应准备好所有工具设备和材料,清单参见表13-7。

汽车玻璃贴膜工具设备和材料清单　　　　　　　　表13-7

| 序号 | 设备名称 | 检查要求 | 检查频率 | 检查人员 |
|---|---|---|---|---|
| 1 | 热风枪 | 通电正常,温度可调,出风正常 | 每日一次 | 小组轮查 |
| 2 | 裁膜工作台 | 是否水平,有无摇晃,台面是否干净无灰尘 | 每日一次 | 小组轮查 |

续上表

| 序号 | 设备名称 | 检查要求 | 检查频率 | 检查人员 |
| --- | --- | --- | --- | --- |
| 3 | 工具车 | 所有工具、材料不落地 | 每日一次 | 小组轮查 |
| 4 | 毛巾 | 60cm×180cm 规格2条以上 | 每日一次 | 小组轮查 |
| 5 | 压力喷壶 | 无破损,压力存储正常 | 每日一次 | 小组轮查 |
| 6 | 测量尺 | 皮尺、钢直尺各一把 | 每车一次 | 自查 |
| 7 | 裁切刀 | 裁剪刀片锋利,无锈蚀 | 每日一次 | 自查 |
| 8 | 塑料刮板 | 大号、小号塑料刮板各一套 | 每车一次 | 自查 |
| 9 | 玻璃清洗剂 | 检查玻璃清洗剂存储量 | 每车一次 | 自查 |
| 10 | 安装液 | 检查存储量,调剂比例 | 每车一次 | 自查 |

**2. 技术要求与注意事项**

(1)贴膜后一周内不能清洗隔热膜及开启除雾线开关。

(2)不要让空调风对着膜吹,以免剧烈的热胀冷缩。

(3)注意烤枪的温度,防止烧蚀玻璃膜,以及玻璃温度过高炸裂。

(4)夏季,贴膜后3天内不要升降车窗;冬季贴膜后,建议一个星期内不要升降车窗,也不要洗车。

(5)不要用含酒精或氨水的溶液清洗膜的表面。

(6)不要用尖锐物将膜的边缘拨开。

(7)清洗后风窗玻璃须格外小心,后风窗玻璃上多了除雾线加温设备,切记勿用刀、铁板、砂纸等工具来做清洁。

(8)如果遇到膜边缘起泡,应在24h内到施工点进行修复;24h后,贴膜的胶已干透,贴膜周边不能移动,再进行处理会产生折痕。

(9)能分辨玻璃是否为防水玻璃,如是防水玻璃上膜宜采用由下端向上贴法。

**3. 前、后风窗玻璃贴膜操作步骤**

1)接车

把车辆移入施工区,检查车身、车内有无划伤及异常情况并及时告知客户。提醒客户保管车内贵重财物,声明施工作业需要将车内物品临时放入收纳整理箱内。填写施工单流程,并让车主同意签字。

2）施工前准备

依照车辆及内装颜色，给予车主选膜建议，确定好玻璃膜的品牌、颜色。将汽车停在无尘车间工位上，对汽车外部进行清洗，用吸尘器将车内吸尘一次，打开无尘车间降尘设备，备妥施工工具。

3）防护作业

将皮椅、地毯、转向盘、中控台盖上不渗水防护套，防止损坏电气设备及仪表板的污损。发动机舱盖放上两条大毛巾，避免放工具或使用工具时刮伤或撞伤车身漆面，尤其是热风枪，使用时电线的摩擦，使用完枪口的温度高，是伤害漆面最大主因。

4）前、后风窗玻璃外部清洁

在外侧玻璃上喷洒清水，用手摸抹一遍，因为人手的敏感度最强，能感触到稍大的尘粒，遇到黏附较牢的污垢可用钢片刮刀清除；其他部位用玻璃清洗剂对玻璃胶边、黑边处、玻璃外侧等部位进行清洁。

5）车膜粗裁

测量前后风窗玻璃顶部裁膜尺寸要大于原车窗玻璃边缘尺寸约5cm；左右两边要大于原车玻璃尺寸约2cm。

6）塑型（烘烤）

前后风窗玻璃的弧度较大时贴膜，必须采用热成型工艺，将玻璃膜加热定型，与玻璃的形状一致。可采用湿烤膜工艺或干成型的方法进行玻璃膜烘烤定型，如图13-5所示。

7）精裁膜

玻璃膜经过加热定型后尺寸变化会较大，应按风窗玻璃内侧贴膜的最大尺寸进行精确裁切。膜边对齐内侧玻璃周边网点的最小点粒，以下压贴住最小网点边缘为宜。沿着前、后风窗玻璃的黑色纹路进行裁剪，在裁剪过程中切勿划伤前、后风窗玻璃，如图13-6所示。

8）前、后风窗玻璃内部清洁

玻璃的内侧为真正的贴膜面，清洁一定要彻底，在玻璃上喷洒清洗液，用橡胶刮刀摸抹，剔除尘，使玻璃内侧"一尘不染"。前风窗玻璃在清洁前先拆卸下安装在玻璃上的后视镜；如车辆原贴过玻璃膜，应先剥离旧玻璃膜，并用除胶剂去除旧玻璃膜剥离后留下的残胶，在清除后风窗玻璃上残胶时，注意后风窗玻璃上的加热丝，防止损坏后风窗玻璃加热除雾功能。

9）玻璃膜的铺贴

剥离保护膜，喷上安装液，铺贴车膜，使玻璃膜与前后风窗玻璃完美贴合。

图13-5 前风窗玻璃膜塑型

图13-6 前风窗玻璃膜精裁

10）排水作业

润滑需排水的表面，把保护膜粘贴到玻璃膜的背面。采用"十"字排水方法排除所有"气泡"和尽可能多的安装液。遵循从中间往外沿挤水、排气泡。

11）质检

仔细擦洗所贴车窗，去除条纹水渍和污迹，检查是否存在气泡、褶皱刮痕等缺陷。如有，用专用工具及解决方法处理好问题，达到交车标准。

12）移交（粘贴提示标志）

把拆卸下的后视镜安装完好，把汽车移到安全停放区域，贴上提示标志，并告知客户注意事项。

4．侧窗玻璃贴膜操作步骤

汽车侧窗玻璃贴膜施工作业的准备工作、工具贴膜用品等与前、后风窗玻璃贴膜施工作业所需一样，只是在施工步骤与前、后风窗玻璃贴膜作业有所不同，汽车侧窗玻璃一般来说弧度不大，贴膜时不用热成型。

1）接车

把车辆移入施工区，检查车身、车内有无划伤及异常情况并及时告知客户。提醒客户保管车内贵重财物，声明施工作业需要将车内物品临时放入收纳整理箱内。填写施工单流程，并让车主同意签字。

2）施工前准备

依照前门车窗玻璃选择浅色膜，给予车主选膜建议，确定好玻璃膜的品牌、颜色。可在前门车窗玻璃处告知客户选择浅色膜。将汽车停在无尘车间工位上，对汽车外部进行清洗，用吸尘器将车内吸尘一次，打开无尘车间降尘设备，备妥施工工具。

3)防护作业

用保护膜或大毛巾对汽车门板进行保护,防止损坏电气设备及门内饰板的污损,如图13-7所示。

4)侧窗外部清洁

对玻璃密封条、胶边、毛边、玻璃外侧等部位进行清洁。

5)车膜粗裁

测量门窗顶部裁膜尺寸要大于原车窗玻璃边缘尺寸约5cm;左右两边要大于原车玻璃尺寸约1cm;底部在上膜时预留1~2cm的余量。

6)定型和修边

覆在玻璃外侧上压刮定型,保护膜朝外,玻璃贴膜边缘要平行于外部底边压条,并确保有足够余量(3~6mm)。利用窗框或胶条作引导进行切割;下部裁切完成后,将膜滑动到适合的位置,固定住整个膜,小心地将膜从底部揭起,然后降下车窗玻璃,利用玻璃的边缘进行顶边裁切。玻璃贴膜完全修整完成后转移到裁膜案板上,进行最后的修边,如图13-8所示。

图13-7 侧窗玻璃防护作业

图13-8 侧窗玻璃膜定型和修边

7)侧窗内部清洁

玻璃的内侧面为真正的贴膜面,清洁一定要彻底:先对车厢内部空间喷洒细微的水雾,减少扬尘。在玻璃上喷洒清洗液,用橡胶刮刀抹,剔除尘粒,使玻璃内侧"一尘不染"。如车辆原贴过玻璃膜,应先剥离旧玻璃膜,并用除胶剂去除旧玻璃膜剥离后留下的残胶。

8)玻璃贴膜的铺贴

剥离保护膜,喷上安装液,玻璃膜与侧窗玻璃上方留0.3mm的距离,铺贴好车膜。如施工车辆玻璃为防水玻璃,上膜宜采用由下端向上贴法,水分流失少;普通玻璃上膜宜采用由上端向下贴法。一般多数采用由上至下的贴法。

9）排水作业

润滑需排水的表面,把保护膜粘贴到玻璃贴膜的背面,从上往下用排水工具排除所有"气泡"和尽可能多的安装液。

10）质检

仔细擦洗所贴车窗,去除条纹水渍和污迹,检查是否存在气泡、褶皱刮痕等缺陷。

11）移交

把汽车移到安全停放区域,粘贴提示标志,并告知客户车窗玻璃膜的质保时间和维护时间。

## 三、学习拓展

汽车贴膜内容可对接"1+X"汽车专业领域职业技能等级证书汽车运用与维修职业技能等级证书1——8【汽车美容装饰与加装改装服务技术模块】。

汽车美容装饰与加装改装服务技术（初级）职业技能工作任务——玻璃贴膜见表13-8。

汽车美容装饰与加装改装服务技术（初级）
职业技能工作任务——玻璃贴膜　　　表13-8

| 工作领域 | 工作任务 | 职业技能 | 技能要求 | 知识要求 |
|---|---|---|---|---|
| 汽车美容装饰与加装改装服务技术（初级） | 玻璃贴膜 | 1.1 内饰防护 | 1.1.1 能按照标准流程对内饰进行合理的防护 | 1.1.1 内饰防护要点 |
| | | 1.2 玻璃清洗 | 1.2.1 能用毛巾细致擦干净车窗内外玻璃的灰尘<br>1.2.2 能用遮蔽膜配合专用胶带对汽车内部、车内门板、窗边进行遮蔽,发动机舱盖上铺好毛巾,避免在贴膜中不小心刮花 | 1.2.1 车身清洁作业标准<br>1.2.2 车辆遮蔽知识 |
| | | 1.3 放样裁剪 | 1.3.1 能按照车窗尺寸要求对已确认的车膜进行预切割,裁膜时注意多预留2cm | 1.3.1 车膜裁剪知识 |

续上表

| 工作领域 | 工作任务 | 职业技能 | 技能要求 | 知识要求 |
|---|---|---|---|---|
| 汽车美容装饰与加装改装服务技术（初级） | 玻璃贴膜 | 1.4 烤定型 | 1.4.1 能用烤枪对防爆太阳膜进行烘烤整形，收缩定型，在定型完毕后进行切割<br>1.4.2 能在烤膜时必须控制好温度和注意手法，如掌握火候不足，轻则会烤焦膜，重则造成玻璃爆裂<br>1.4.3 能将烤枪温度控制在450～500℃之间 | 1.4.1 烤枪使用方法<br>1.4.2 玻璃膜的烘烤方法及注意事项<br>1.4.3 烤枪温度的判断方法 |
| | | 1.5 裁边切割 | 1.5.1 能准确裁边切割拿捏：首先刀片要锋利，才有利于把握力度，防止刮花玻璃<br>1.5.2 能在前、后风窗玻璃处多裁1～2cm，多余的留边则可塞进侧窗缝隙内 | 1.5.1 玻璃膜的切割方法<br>1.5.2 玻璃膜切割注意事项 |
| | | 1.6 前风窗贴 | 1.6.1 能用润滑剂冲洗前内风窗玻璃前，并用毛巾铺好，以防漏水时损坏线路<br>1.6.2 能用润滑剂冲洗清洁玻璃内侧，除去防爆太阳膜保护层并将膜贴在玻璃内侧<br>1.6.3 能在上膜时，膜与玻璃齐平，四个角落除了先贴好一角外，双手各握一角，剩下的那个角则用嘴唇含住，双手端平，上膜迅速 | 1.6.1 风窗玻璃的清洗流程<br>1.6.2 玻璃膜保护层去除技巧<br>1.6.3 上膜方法和技巧 |
| | | 1.7 赶水 | 1.7.1 能选用硬刷对后风窗赶水，用软刷收边 | 1.7.1 风窗玻璃膜赶水方法和技巧 |

续上表

| 工作领域 | 工作任务 | 职业技能 | 技能要求 | 知识要求 |
|---|---|---|---|---|
| 汽车美容装饰与加装改装服务技术（初级） | 玻璃贴膜 | 1.8 收边 | 1.8.1 能在收边前，清除掉润滑剂和水，配合吸水纸，并仔细检查边角的水纹和起泡 | 1.8.1 收边方法和注意事项 |
| | | 1.9 后窗清洁贴膜 | 1.9.1 能在后窗粘贴，如果有高位制动灯，需要提前拆卸下来，并且注意不要损坏除雾加热电阻丝 | 1.9.1 后窗玻璃膜粘贴方法和注意事项 |
| | | 1.10 质量检验 | 1.10.1 能检查粘贴是否牢固，尤其是边角部位，不能出现直角边，且边角部位要以圆弧过渡 | 1.10.1 边角贴膜处理方法和技巧 |
| | | | 1.10.2 能检查车膜有无起泡、褶皱、刮痕、污点等 | 1.10.2 贴膜质量检验方法和标准 |
| | | 1.11 除遮蔽膜 | 1.11.1 能再次清除车窗及车身遗洒的水渍，在清洁车辆内饰，提醒车主7日内不要升降玻璃，并在玻璃升降器开关部位粘贴提醒 | 1.11.1 贴膜缺陷处理方法 |

## 四、评价与反馈

1. 自我评价

(1) 通过对本学习任务的学习，你是否已经知道以下问题的答案：

① 如何正确清洁玻璃外部与玻璃内部？

项目六　汽车贴膜

②如何正确对玻璃膜进行粗裁膜和精裁？
_____
_____。

③如何正确进行上膜作业？
_____
_____。

(2)如何正确检查贴膜质量？
_____
_____。

(3)实训过程完成情况如何？
_____
_____。

签名：_____　_____年____月____日

2.小组评价

小组评价表见表13-9。

**小组评价表**　　　　　　　　　　　　　　　　　　表13-9

| 序号 | 评价项目 | 评价情况 |
|---|---|---|
| 1 | 着装是否符合要求 | |
| 2 | 能否合理规范地使用仪器和设备 | |
| 3 | 是否按照安全和规范的流程操作 | |
| 4 | 是否遵守学习、实训场地的规章制度 | |
| 5 | 能否保持学习、实训场地整洁 | |
| 6 | 团结协作情况 | |

参与评价的同学签名：_____　_____年____月____日

3.教师评价

_____
_____。

签名：_____　_____年____月____日

### 五、技能考核标准

技能考核标准见表13-10。

技能考核标准表　　　　　　　　　　　　表13-10

| 序号 | 项目 | 操作内容 | 分值 | 评分标准 | 得分 |
|---|---|---|---|---|---|
| 1 | 安全7S态度 | 1. 能进行工位7S操作；<br>2. 能进行工位7S操作；<br>3. 能进行设备和工具安全检查；<br>4. 能进行车辆安全防护操作；<br>5. 能进行工具清洁、校准、存放操作；<br>6. 能进行"三不落地"操作 | 15 | 未完成1项扣3分,扣分不得超过15分 | |
| 2 | 专业技能能力 | 1. 能正确鉴别贴膜质量；<br>2. 能正确选用玻璃膜；<br>3. 能正确清洁玻璃；<br>4. 能正确遮蔽汽车内部电器部位；<br>5. 能正确遮蔽发动机舱盖（行李舱盖）；<br>6. 能正确按前后风窗玻璃预切割；<br>7. 能正确进行玻璃膜塑形；<br>8. 能正确进行前后风窗玻璃膜精裁；<br>9. 能正确清洗及润滑前后风窗玻璃内部；<br>10. 能正确进行上膜作业；<br>11. 能正确进行排水；<br>12. 能正确进行收边；<br>13. 能正确检查贴膜质量；<br>14. 能正确清除遮蔽物；<br>15. 能正确清理施工工位及工具；<br>16. 能正确粘贴提醒标志 | 50 | 未完成1项扣5分,扣分不得超过50分 | |

项目六　汽车贴膜

续上表

| 序号 | 项目 | 操作内容 | 分值 | 评分标准 | 得分 |
|---|---|---|---|---|---|
| 3 | 工具及设备的使用能力 | 1. 能正确选用玻璃膜；<br>2. 能正确选用玻璃膜清洗工具；<br>3. 能正确使用遮蔽工具；<br>4. 能正确使用裁剪工具；<br>5. 能正确使用烘烤工具 | 10 | 未完成 1 项扣 5 分,扣分不得超过 10 分 | |
| 4 | 资料及信息的查询能力 | 1. 能正确使用维修手册查询资料；<br>2. 能在规定时间内查询所需资料；<br>3. 能正确记录所查询资料章节页码；<br>4. 能正确记录所需维修信息 | 10 | 未完成 1 项扣 5 分,扣分不得超过 10 分 | |
| 5 | 分析判断能力 | 1. 能判断贴膜有无气泡；<br>2. 能判断贴膜有无褶皱刮痕；<br>3. 能判断贴膜有无污点；<br>4. 能判断贴膜收边情况 | 10 | 未完成 1 项扣 5 分,扣分不得超过 10 分 | |
| 6 | 记录及撰写能力 | 1. 字迹清晰；<br>2. 语句通顺；<br>3. 无错别字 | 5 | 未完成 1 项扣 2 分,扣分不得超过 5 分 | |
| | | 总分 | 100 | | |

## 学习任务 14　车身贴膜

### 学习目标

☆ **知识目标**

1. 熟悉车身贴膜所需工具及耗材用品的选用；
2. 熟悉车身贴膜的工艺流程和操作要领；
3. 熟悉车身贴膜所需无尘车间的使用方法及管理规章；

4. 熟悉贴膜工具及材料的选用常识。

☆ **技能目标**

1. 能正确引导车辆进入无尘车间工位,熟练使用无尘车间降尘功能;
2. 能熟练使用工具对车身进行清洁作业;
3. 能按照标准流程对车身各个部位进行车漆膜施工作业;
4. 能按照标准流程对车身各个部位进行改色膜施工作业;
5. 能正确判断车身膜施工的效果是否合格;
6. 能遵守无尘车间安全规定,按照安全管理条例整理工具、设备和工作现场。

**建议课时**

6 课时

**任务描述**

全球汽车车身贴膜 20 年前就已起步,创造的财富价值席卷整个欧洲。这种技术最早应用于军事,经汽车商及各类汽车赛事活动广泛应用后逐渐普及。最近几年,车身贴膜开始进入中国,并成为汽车后市场的新宠,在保护汽车漆面上发挥着越来越重的作用。车身贴膜在汽车美容行业和汽车改装行业,都深受广大车主的喜爱。

本学习任务就是将汽车车身外观彻底清洁,并且运用合理的贴膜工具,对车身各个部位进行车身膜的施工作业。

## 一、理论知识准备

车身贴膜是一种贴附于车漆表面的高分子聚合材料,贴附于车漆表面,达到保护原漆、装饰车身的目的,并可随时轻易揭除,与传统封釉、镀膜、喷漆等漆面化学改变形成鲜明对比。车身贴膜按其作用性质可分为车漆保护膜和车身改色膜两种,而车漆保护膜就是我们通常说的隐形车衣。

### (一)车身贴膜的由来

#### 1. 汽车美容产业技术升级

从简单的洗车—打蜡—封釉—镀膜,中国汽车美容装饰行业在成熟的国际市场带动下,已迅速走过起步阶段,正在进入一个不断升级的过程,并日趋多样化、高端化。伴随潮流兴起,政策放行,车身改色、彩绘备受追宠。全球汽车美容装饰业发展轨迹证明,车身贴膜是汽车美容装饰产业升级的必然趋势。

2.市场需求的变化

随着人们生活水平的提高,年轻一代追求独立和差异化消费、富有个性的汽车成为一股热潮,特别是随着汽车改装政策的逐步开放,汽车不再是代步工具,而是可以展现自我标榜个性的名片。追求个性展示与众不同的汽车消费文化的车身贴膜,是顺应市场需求的变化应运而生的新型服务项目。

3.广阔的市场前景

自2009年我国汽车总产销量超过美国成为世界新车产销规模最大的国家以来,我国一直稳居汽车第一产销大国地位,2017年我国汽车产销分别实现2901万辆和2888万辆,达到历史高峰。在全球范围疫情影响下,2020年我国汽车产销均超过2500万辆,汽车市场复苏超预期。据公安部统计,2020年全国机动车保有量达3.72亿辆,其中汽车2.81亿辆;机动车驾驶人达4.56亿人,其中汽车驾驶人4.18亿人。2020年全国新注册登记机动车3328万辆,新取得机动车驾驶证驾驶人2231万人。2022年全国机动车保有量达到4.17亿辆,其中汽车3.19亿辆。足以见得我国汽车市场充满着活力,汽车车身贴膜作为后市场的主力军,有着广阔的市场发展前景。

(二)车漆保护膜

1.车漆保护膜的特性

车漆保护膜,英文Paint Protection Film,缩写为PPF,又称"隐形车衣",是以TPU为基材的一种软体膜材料,具有其他塑料和橡胶无法比拟的高强度、高韧性、耐磨、耐油、耐寒、耐老化、环保无毒、可降解等优良特性;又具有防水、透湿、防风、防寒、抗菌、抗紫外线等优异性能。

2.车漆保护膜发展历程

随着汽车销售的快速增长,汽车维护市场也在迅速发展。漆面保护膜的材质是不断变化的,从原来的PVC到后来的PU,再到近期出现的TPH、PVC、PU、TPU,目前市场上公认质量好的是TPU材质的保护膜。

第一代PVC膜:市面上传统的隐形车衣材料,就是我们常说的塑料,例如硬水管就是PVC材质的。塑料加工成隐形车衣材料后,结构依旧偏硬,美观和胶层是个问题,时间长了可能会对用车造成困扰,质量太差的会损坏车漆。PVC膜使用寿命在几个月到一两年不等,现已淘汰。

第二代TPH膜:在PVC基础上添加增塑剂,经过改良拥有了不错的柔韧性能,但由于材质的关系,使用过程中依旧偏脆,保护能力偏弱,同时TPH材质成本较低,选用的胶层容易脱落,会在漆面产生胶印或遗胶,使用寿命为2~3年。

第三代TPU:广受追捧的材质,是一种热可塑性聚氨酯,物理性能、化学稳定性优秀,是一种成熟的环保材料,良好的韧性和热修复功能,让它备受追捧,是隐形车衣最好的材料,使用寿命为5~10年,TPU结构如图14-1所示。

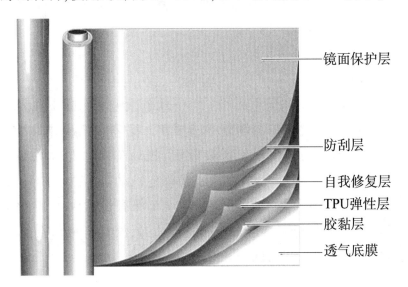

图14-1　TPU隐形车衣结构

3.车漆保护贴膜的作用

汽车贴车漆保护膜的作用有:

(1)漆面不怕剐蹭,划痕可以自行修复。

隐形车衣可以实现防剐、防蹭功能。即在贴有隐形车衣的汽车在剐蹭后,剐蹭伤害会由隐形车衣承受,只要不是特别严重的剐蹭或是碰撞,一般不会伤及隐形车衣下方的汽车漆面。车主在撕下受损隐形车衣后,汽车漆面会依旧光亮如新,而此时车主仅需更换受损部位隐形车衣即可,无须其他操作。

由TPU材质制成的隐形车衣还具有划痕自修复的功能,轻微剐蹭引起的普通划痕在常温下或是加热的情况下还可以自行修复,恢复原状,不影响后续使用及防护性能。

(2)可以长期保护原车车漆,免除封釉镀膜等费用,节约美容成本。

贴过隐形车衣的车辆不用抛光打蜡封釉镀膜,日常维护只需要洗车就可以满足。因此,贴膜的车辆明显可以节约美容成本。

(3)无惧腐蚀。

在使用正规隐形车衣后,隐形车衣会与汽车漆面紧密贴合,在汽车漆面表层形成一层严密的薄膜保护层,可以有效防护来自外界酸雨、鸟粪、树胶、废气等的腐蚀。

(4)阻隔日晒高温,降低汽车自然的危害。

防止紫外线对漆面的直接损伤,以及防止冰雪、树枝刮伤,钥匙痕迹、太阳纹、凹痕和石屑痕迹等。

### (三)车身改色膜

**1. 车身改色膜**

车身改色膜是用色系丰富、颜色多样的薄膜,以整体覆盖粘贴的方式改变全车或局部外观的服务。车身改色膜主要通过高分子聚合材料贴附于车身表面,易揭除。

**2. 车身改色膜特性**

(1)整车贴覆:超强的产品品质和施工技术,可实现整车车面整体贴覆,无须拼接、接缝完美展现车身流线型。

(2)柔韧曲滑:高分子产品结构带来的超强柔韧性能,可在任意弧面实现所理想的曲折性,全面表达车身曲面柔美质感。

(3)持久耐用:纳米级生产工艺,产品细腻紧密,具有极强的抗磨损耐用性能,色彩感持久稳定,不变色不褪色。

(4)色泽晶莹:特效透光涂层,使色彩更加晶莹别透,色泽自然温和,完美展现车身通透质感。

(5)隔绝腐蚀:可抵抗弱酸性、弱碱性及石油分流产品的侵蚀,有效保障汽车在酸雨、酸雾及有害气体环境中不受损害,同时阻隔太阳射线,保持原厂车漆光泽润亮。

(6)耐磨耐划:自动修复弥合细微划痕。

(7)车漆保护:在为车辆美化外观效果的同时,也起到了保护车漆的作用,防止车漆氧化受损等,保护原厂漆的光泽度和耐用性。

(8)不留残胶:轻易揭除,不伤漆面,无滞留残胶。

(9)维护便捷:可适当减少打蜡次数,无须封釉镀膜,节省相关维护费用。

建议使用液体蜡。

(10) 绿色环保:不对漆面、人体及自然产生任何毒副作用,绿色环保。

(11) 多种颜色:可选择的颜色五花八门。

3. 车身改色膜选购技巧

市场上出售的车身改色膜品牌众多,材质也不同,客户在选择车身改色膜时,可以从以下几个方面进行鉴别:

(1) 颜色鉴别:一般好的车身改色贴膜色彩会较为饱满和均匀,而假货的颗粒感较强,色面粗糙,缺乏色彩饱满的感觉。

(2) 手感鉴别:好的车身改色贴膜,膜面较为细腻,不易出现折痕;而假货的车身改色贴膜则缺乏韧性,难以恢复折痕,并容易翘起。

(3) 气味鉴别:良好的车身改色贴膜是根据全球环保标准的要求,无刺激性气味;而质量差的膜环保标准低,闻起来带有刺激性气味。

(4) 价格鉴别:一般好的东西,价格也会相应较高;而质量差的,成本低,卖价也相对较低。

(四) 车身贴膜工具及施工环境

车身贴膜工具可分为清洁类工具、贴膜工具及附件类工具。

1. 清洁类工具

车身贴膜作业清洁类工具见表14-1。

车身贴膜作业清洁类工具　　　　　　表14-1

| 序号 | 品名 | 图示 | 功能及使用方法 |
|---|---|---|---|
| 1 | 车身清洁剂 | | 具有强大的除污力以及渗透力、杀菌力和抛光光亮性等特性 |
| 2 | 强力去污泥 | | 用于深层去除漆面的顽固污渍 |

## 2. 贴膜工具

车身贴膜作业贴膜工具见表 14-2。

**车身贴膜作业贴膜工具**　　　　　　　　　　表 14-2

| 序号 | 品名 | 图示 | 功能及使用方法 |
|---|---|---|---|
| 1 | 羊毛刮板 |  | 用于车身改色膜贴膜刮板 |
| 2 | 牛皮筋刮板 |  | 用于车漆保护膜贴膜刮板，车漆保护膜平面贴覆刮板 |
| 3 | 不规则橡胶刮板 | 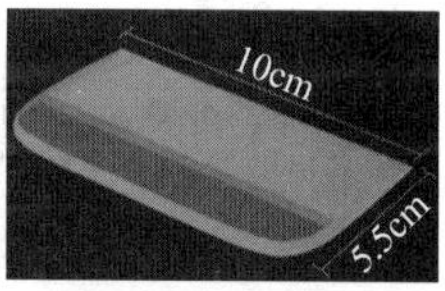 | 用于车漆保护膜刮板，车漆保护膜前杠凹凸面排水软刮板 |
| 4 | 压力喷壶 |  | 用于车漆保护膜施工中喷洒安装液 |

## 3. 附件类工具

车身贴膜作业附件类工具见表 14-3。

**车身贴膜作业附件类工具**　　　　　　　　　　表 14-3

| 序号 | 品名 | 图示 | 功能及使用方法 |
|---|---|---|---|
| 1 | 裁切剪刀 | 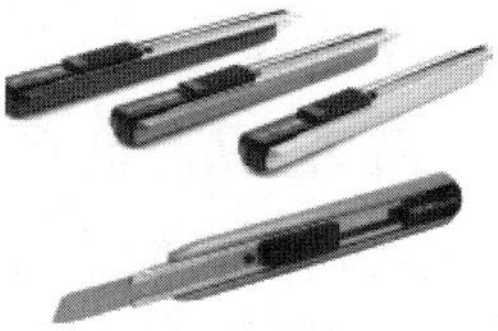 | 用来裁剪窗膜，修饰形状，与保护膜分离。裁膜时，为了精确地裁出窗膜，同时又不划伤玻璃，必须掌握正确的持刀方法 |

续上表

| 序号 | 品名 | 图示 | 功能及使用方法 |
|---|---|---|---|
| 2 | 测量尺 | 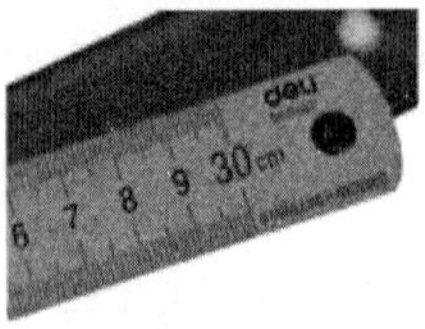 | 用来测量车身贴膜部位的尺寸,便于粗裁,裁膜时取直 |
| 3 | 裁膜工作台 |  | 用来摆放车身膜粗裁时的操作台,要求平滑还不能过硬 |
| 4 | 热风枪 |  | 用于轻微折痕的烘烤,达到消除和收边固定的效果 |
| 5 | 94底涂 |  | 用于车身改色膜表面活化处理剂,增加附着力 |
| 6 | 安装液 |  | 便于车漆保护膜的滑动定位,按使用说明规定比例稀释后使用,也可依据个人习惯、车膜性质、安装液本身浓度增加或减小比例 |

(五)施工环境

车身贴膜与汽车车窗贴膜施工车间一样,需在无尘车间完成,如图14-2所示。施工环境应保障明亮无尘、地面干燥、通风良好、温度适宜等条件。若温度过低,可开启空调保证施工条件。特别注意,操作人员避免穿戴易掉毛及带静电衣物。

项目六 汽车贴膜

图 14-2　车身贴膜无尘车间

## 二、任务实施

### 1. 准备工作

1) 工位准备

要求工位无闲杂人等,无杂物,车辆通行顺畅,通风排水顺畅;检查水、电、气等是否正常供给。

2) 安全防护

按规范穿戴好工作服、劳保鞋、手套等安全防护用品,做好个人安全防护。

3) 工具设备材料准备

施工前应准备好所有工具设备和材料,清单参见表 14-4。

车漆保护膜作业工具设备和材料清单　　　　　　　表 14-4

| 序号 | 设备名称 | 检查要求 | 检查频率 | 检查人员 |
|---|---|---|---|---|
| 1 | 热风枪 | 通电正常,温度可调,出风正常 | 每日一次 | 自查 |
| 2 | 裁膜工作台 | 是否放平,有无摇晃;台面是否干净无灰尘 | 每日一次 | 自查 |
| 3 | 工具车 | 施工时随身摆放,所有工具不落地、材料不落地 | 每日一次 | 自查 |
| 4 | 压力喷壶 | 无破损,压力存储正常 | 每日一次 | 自查 |
| 5 | 测量尺 | 皮尺、钢直尺各一把 | 每日一次 | 自查 |
| 6 | 裁切刀 | 裁剪刀片锋利,无锈蚀 | 每日一次 | 自查 |
| 7 | 牛皮筋刮板 | 牛皮筋刮板刮面是否平整 | 每日一次 | 自查 |
| 8 | 强力去污泥 | 检查强力去污泥的黏性 | 每车一次 | 自查 |

续上表

| 序号 | 设备名称 | 检查要求 | 检查频率 | 检查人员 |
|---|---|---|---|---|
| 9 | 安装液 | 检查存储量,调剂比例 | 每车一次 | 自查 |
| 10 | 羊毛刮板 | 羊毛是否破损 | 每日一次 | 自查 |
| 11 | 94底涂 | 是否在保质期内,存量是否充足 | 每日一次 | 自查 |

**2. 技术要求与注意事项**

(1) 做好施工前车辆的漆面检查,有破损处,需做车漆修复。

(2) 做好车辆的清洁,对全车进行精致清洁。

(3) 做好施工项目规划,确认施工部位的材料、颜色。

(4) 对需要施工拆卸的部件,进行拆卸处理。

(5) 对各部位进行贴膜施工。

(6) 施工完毕后,进行全车检查,确保达到施工品质验收要求。

(7) 车辆静止停放24h,确保车身背胶完全固化。

**3. 车身贴膜施工步骤**

车身贴膜分车漆保护膜贴膜和改色膜贴膜,汽车车漆保护膜与汽车改色膜的施工步骤大同小异,两者的施工区别在于车漆保护膜采用湿贴的方法。改色膜采用干贴的方法,本文以汽车车漆保护膜为例进行贴膜施工步骤讲解。

**4. 车漆保护膜操作步骤**

(1) 车况勘验:询问车主车辆漆面是否做过修补,如有告知客户在施工中存在的风险;检查漆面表面是否存在缺陷,告知车主表面存在的缺陷并记录,如严重影响施工应先进行漆面修复。

(2) 全车清洗:使用高压水枪冲洗整车表面,去除车身表面的泥土、灰尘等。

(3) 深度清洁:使用洗车泥清洁漆面表面,去除油漆表面氧化层及附着力较强的污渍;使用通用除胶剂除去车身表面残胶;使用车身洗车液清洁门边,钣件间缝隙及反面等不易清洁部位。

(4) 准备工作:准备贴膜的专用工具;打开车间降尘处理器;适当进行钣件拆卸;再次清洁漆面。

(5) 测量尺寸:测量时选取长宽最大处,为减少浪费和充分利用材料,可在裁剪前对要贴膜的表面进行打板。

(6) 粗略裁切:根据实际测量和打板,在裁膜台截取合适的膜长宽。

（7）上膜定位：揭膜时从上往下，使膜面自然下垂，保持车漆保护膜不动，顺势揭除表面保护膜，防止产生折痕，喷洒隐形车衣安装；上膜时按照贴膜部位的尺寸，轻轻放下，两人配合向四角拉伸平铺于漆面，去除大部分气泡，如图14-3所示。

（8）膜面刮覆：选取合适的部位进行定位好后，以发动机舱盖为例，通常先中间赶覆定位，再顺势自然定位左右两侧，使用贴膜专用工具进行排水贴膜作业。

（9）精细裁切：隐形车衣整体施工大致完成后，施工人员需要将原先预留的多于实际漆面的膜进行精细裁剪，如图14-4所示。

图14-3　车漆保护膜上膜定位

图14-4　车漆保护膜精裁

（10）烤膜收边：使用高温烤枪按照特定施工手法对膜面边缘包边加热塑性的过程。

（11）表面清洁：进行施工面清洁处理，安装好拆卸的钣金件、装饰条等物件。

（12）整车验收：对整车贴膜施工进行检查验车，检查车漆保护膜有无气泡、褶皱等缺陷，确认无误后签字交车并告知客户贴膜后使用注意事项。

## 三、学习拓展

通过车身贴膜的知识学习后，有同学可能会问，要是发生交通事故，自己贴的隐形车衣或者改色膜能得到索赔吗？发生了交通事故，如果事故责任是自己全责，就只能通过自己购买的汽车保险来维修车辆，而贴的车身膜保险公司是不会进行赔付。除非购买汽车保险时购买了汽车新增设备险，那么保险公司就会进行赔付。如果是对方全责，就可以通过对方的第三者责任险来修车，车身膜是可以得到索赔的。

新增设备险：指当车辆发生碰撞等意外事故造成车上新增设备（是指除车辆

原有设备以外,被保险人另加装的设备及设施。如:车身贴膜、家装制冷设备、CD 及电视录像设备等)的直接损毁时,保险公司按实际损失赔偿。

## 四、评价与反馈

1. 自我评价

(1) 通过对本学习任务的学习,你是否已经知道以下问题的答案:

① 正确选用车漆保护膜、改色膜、鉴定膜的质量:

_____。

② 正确拆卸、安装门把手,玻璃外压条等附件:

_____。

③ 正确拆卸、安装门把手,玻璃外压条等附件:

_____。

(2) 如何正确使用热风枪对膜进行封边固定?

_____。

(3) 如何正确对车辆进车况勘验?

_____。

签名:_____  _____ 年___月___日

2. 小组评价

小组评价表见表 14-5。

小组评价表　　　　　　　　　　表 14-5

| 序号 | 评价项目 | 评价情况 |
| --- | --- | --- |
| 1 | 着装是否符合要求 | |
| 2 | 能否合理规范地使用仪器和设备 | |
| 3 | 是否按照安全和规范的流程操作 | |
| 4 | 是否遵守学习、实训场地的规章制度 | |

续上表

| 序号 | 评价项目 | 评价情况 |
|---|---|---|
| 5 | 能否保持学习、实训场地整洁 | |
| 6 | 团结协作情况 | |

参与评价的同学签名：_____　　_____年___月___日

3．教师评价

_____

_____。

签名：_____　　_____年___月___日

## 五、技能考核标准

技能考核标准见表14-6。

技能考核标准表　　　　　　　　　　　表14-6

| 序号 | 项目 | 操作内容 | 分值 | 评分标准 | 得分 |
|---|---|---|---|---|---|
| 1 | 安全7S态度 | 1．能进行工位7S操作；<br>2．能进行设备和工具安全检查；<br>3．能进行车辆安全防护操作；<br>4．能进行工具清洁、校准、存放操作；<br>5．能进行"三不落地"操作 | 15 | 未完成1项扣3分，扣分不得超过15分 | |
| 2 | 专业技能能力 | 1．能正确鉴别改色膜、隐形车衣质量；<br>2．能正确选用改色膜、隐形车衣；<br>3．能正确清洁需要贴膜的部位；<br>4．能正确对车身膜进行粗裁；<br>5．能正确去除车身膜的衬纸；<br>6．能正确将保护膜贴在车身表面；<br>7．能正确进行贴膜烘烤整形；<br>8．能正确进行贴膜赶空气；<br>9．能正确进行贴膜边缘修整收边；<br>10．能正确清理施工工位及工具；<br>11．能正确检查贴膜质量 | 50 | 未完成1项扣5分，扣分不得超过50分 | |

续上表

| 序号 | 项目 | 操作内容 | 分值 | 评分标准 | 得分 |
|---|---|---|---|---|---|
| 3 | 工具及设备的使用能力 | 1. 能正确选用车身膜；<br>2. 能正确使用清洗工具；<br>3. 能正确使用裁剪工具；<br>4. 能正确使用烘烤工具 | 10 | 未完成 1 项扣 5 分，扣分不得超过 10 分 | |
| 4 | 资料及信息的查询能力 | 1. 能正确使用维修手册查询资料；<br>2. 能在规定时间内查询所需资料；<br>3. 能正确记录所查询资料章节页码；<br>4. 能正确记录所需维修信息 | 10 | 未完成 1 项扣 5 分，扣分不得超过 10 分 | |
| 5 | 分析判断能力 | 1. 能判断贴膜有无气泡；<br>2. 能判断贴膜有无褶皱刮痕；<br>3. 能判断贴膜有无污点；<br>4. 能判断贴膜收边情况 | 10 | 未完成 1 项扣 5 分，扣分不得超过 10 分 | |
| 6 | 记录及撰写能力 | 1. 字迹清晰；<br>2. 语句通顺；<br>3. 无错别字 | 5 | 未完成 2 项扣 1 分，扣分不得超过 5 分 | |
| 总分 | | | 100 | | |

# 项目七　汽车运营与加盟

## 学习任务 15　汽车美容店面运营管理

☆ 知识目标

1. 熟悉汽车美容店店址选择及店面装修要求；
2. 熟悉汽车美容项目的设定；
3. 熟悉店面员工的招聘及培训；
4. 熟悉顾客的管理和投诉处理。

☆ 技能目标

1. 能完成汽车店面选址调查；
2. 能熟练使用汽车美容店面派工单；
3. 能正确处理客户投诉。

### 建议课时

2 课时

近些年来，汽车美容行业一直是我国国民经济发展的重要产业之一，且将一直保持较快的发展速度。汽车后市场一直是投资者所看重的黄金市场，在未来一段时间，汽车后市场将逐渐摆脱不规范的经营状态，逐步走向正规，从专业化走向服务的多样化。

本次学习任务就是熟悉汽车美容店店址选择及店面装修要求、汽车美容项目的设定、店面员工的招聘及培训，能熟练使用汽车美容店面派工单，能正确处理客户投诉。

## 一、理论知识准备

### (一)店址的选择与店面装修

店址的选择是经营好汽车美容护理店最为关键最为重要的一步,汽车美容店的投资者应清醒地认识到选址不是凭感觉就能决定的,也不能一味探求房租低廉。正确的选址方法应该是通过选址调查、分析相关因素并参照汽车美容行业的特点,选择一个具有发展潜力的店址。

附近客源的多少是决定汽车美容店能否盈利的主要因素,店面的装修也是很重要的一环,其布置分配是否合理直接关系到以后的经营成效。

#### 1. 店址的选择

选址时要根据所在地区汽车保有量、所在地区汽车美容市场状况、周边环境等诸多因素综合考虑。而这些参考的因素都没有现成的统计数据,所以对这些相关数据的市场调查是经营汽车美容店的第一步。

当你对上面的项目进行详尽的市场和实地调查后,就能大概圈划出哪几个可能适合开汽车美容店的地方,然后就需要再对这几个地方进行最后的合理挑选。挑选汽车美容店地址时可优先参考以下要素:

(1)该店面是否靠道路,是否有大流量的车辆通行。

(2)该店是否在路口拐角位置,能否产生特殊的拐角效应。

(3)该路段是否允许停车,平均车速是否低于 40km/h。

(4)排水排污是否方便,针对环境污染问题,没条件可以创造条件。

(5)该店门前是否有 3~4 个停车位,方便车辆出入以及车多时让顾客等候。

(6)该店水电是否正常,有无 380V 电源。

(7)附近有无机关、团体、商业、人口密集区,能否带来团体顾客。

(8)店面的租金要结合店面的经营范围、确定的客户群、店面环境等综合因素考虑,要是条件不是特别好,建议不要去租太贵的门面。

第一家汽车美容店店面如图 15-1 所示,该店店面两面紧靠道路,符合"拐角效应"。有大量车辆路面通行,车速不高,店面前都有较多车位用于洗车或停放车辆之用。但该店没有明显的排水道,洗车的水难以迅速排走,这是比较欠缺的。

第二家汽车美容店店面如图 15-2 所示,该店店面也是紧靠道路,六个店位的店面显得宽敞醒目,方便汽车出入,区域也便于划分,店面前有较宽的走道,必要时可用于停放车辆。不足之处在于该店在靠近马路一侧没有排水道,洗车的水在流到人行道后会影响美观和整洁;店铺的垂直高度不足,不便于中型车出入以及无法安装举升机。

图 15-1　第一家汽车美容店店面

图 15-2　第二家汽车美容店店面

## 2. 店面的装修

店面装修时要考虑如下要素:

(1) 店址面积大小。

(2) 要支付的月租金是多少。

(3) 准备投资哪一级别的汽车美容护理中心。

(4) 可以投入的资金有多少,预备用于装修的资金。

(5) 大开间还是小开间,有无前后院。

(6) 有无上、下水,供气设备等。

(7) 门前是否有绿化带或树木。

(8) 操作间的长、宽、高。

(9) 店铺天花板离地高度。

(10) 店铺内有无现成的地沟。

(11) 汽车美容店的设计建议应咨询专业的公司,并由其制定方案,并进行工程监理和标准化施工。

对上述方面进行考虑后，就可以着手设计汽车美容店的布局和装修，这需要从具体环境的空间布局、空间构图、空间照明、空间造型、空间色彩等角度去考虑。

现代的汽车美容店对空间会有明确的划分，除了有洗车区（湿区）、美容区（干区）之外，中、大型的美容店一般还设有顾客休息室、精品区、烤漆房，甚至再细划分出接车区、质检交车区等。任何级别的现代汽车美容店都是由这些区域中的相应部分组成的，每个组成部分都有其不可或缺的作用。现代汽车美容店对场区的划分见表15-1。

现代汽车美容店对场区的划分　　　　表15-1

| 区域划分 | 分区的作用 | 分区的示意图 |
| --- | --- | --- |
| 洗车区 | 洗车区是汽车进入美容店的第一站，是所有美容项目的开始，在这里会产生大量污水，所以必须设置得与美容区等分隔开，并且有便利的排水系统 | |
| 美容区 | 美容区是大部分美容项目的施工场所，为了施工的方便，应合理摆放美容区的各种设备、工具、耗材等，并随时收拾好以让在此监督施工的顾客感到满意 | |
| 顾客休息室 | 顾客休息室是专供来店消费的车主休息的场所；要吸引顾客消费洗车以外的利润较高的汽车美容项目，一个高雅舒适的顾客休息室将成为有力的武器；由于许多车主在做汽车美容时有目不离车的习惯，所以最佳的顾客休息室应该用透明的玻璃做幕墙和门，使得无论汽车是在清洗还是在做其他美容项目时都可以让顾客一目了然 | |

续上表

| 区域划分 | 分区的作用 | 分区的示意图 |
|---|---|---|
| 精品区 | 精品区不仅可以开拓自己的营销渠道,同时可以提高整个美容店的格调;将顾客休息室和精品区有机结合在一起是相得益彰的做法 | |

确定了汽车美容店店面的级别和店址后,接下来进行开店的前期准备工作,即店铺的装修、申办执照、招聘职员以及职员的培训、设备安置及产品摆放的到位等。

(二) 汽车美容项目的设定

汽车美容项目的设定是非常重要的,因为它取决于汽车店面的规模,又将决定汽车美容店需要购进的设备、工具,从而决定了汽车美容店的开业成本和运作成本。

汽车美容店美容项目的设定是由汽车美容场地、资金等客观条件决定的,同时还受汽车美容店周边的目标客户的实际需要、周边竞争对手的项目设定等影响。普通美容店的项目一般以洗车和汽车美容为主,但经常兼顾全车除沥青、新车开蜡、打蜡、抛光、封釉、镀膜、内饰美容、车窗贴膜等。

(三) 店面员工的招聘及培训

无论在建立期间还是在正常运作后,汽车美容店很重要的一项工作就是进行员工招聘和对员工进行培训。

汽车美容店面的人员结构建议设置店长、接待员(前台)、美容组长、美容工等。在招聘时应该根据各岗位的性质和要求进行筛选。店长统管连锁店,负责招聘、培训员工、计划组织与协调日常工作、处理上下级的关系、传达总部的文件、制定规范的管理制度、管理加盟店的经营与运作、定时上报连锁店实际作业数量及产品销售数量等,遇到重大事件或突发事件及时上报总部,以便协助处理。

接待员负责接待需要进行爱车汽车美容护理的客户、详细填写派工单、安排员工作业、服务项目要填写清楚和明确,尽量避免客户与技师等人出现误会。尽量满足客户需求,务必使每一位客户都满意而去。建立客户电子登记表,交与会计以便计算机存档。及时研究客户资料,加强同客户之间的联系。

美容组长要按派工单内容进行作业,安排、管理、督促属下技术人员配合自己工作、做到协调有序;指导技术人员进行汽车美容的施工,严格按统一的操作程序规范作业必要时参与施工,既保证美容护理的效果,又讲究整体效率。作业完毕后将派工单送到财务处,以便财务及时打单结算收费。

美容工要听从美容组长的安排工作,必要时协助美容组长施工。

(四)顾客的管理和投诉处理

1. 顾客的管理

顾客的管理就是搜集、整理顾客的信息,并根据顾客的信息与顾客进行各种形式的信息交流,以达到促进业务的作用。

(1)顾客信息的搜集。顾客信息的搜集有很多来源,可以是通过市场调查,如路边调查、熟人介绍等,但最有效的方法是对来店的顾客做资料记录。记录的资料应包括顾客的姓名、年龄、生日、职业、联系方式、住址、汽车颜色、型号、年限,在你店所施工的项目等(如果顾客拒绝回答,向其索要名片也是重要信息来源)。

(2)了解顾客的背景。了解顾客背景,与顾客聊天时将迅速拉近彼此的距离,对推销服务项目非常有利。所以无论何种场合,应很有技巧地与顾客进行信息交流,包括家庭背景、职业背景、社会背景。

(3)与顾客联系的方法。可以通过建立微信群、QQ群或顾客个人信息电子台账等方式,加强与顾客的联系。

(4)利用老顾客获取信息。老顾客不仅是美容店营业额的稳定来源,而且是业务拓展的有力助手,更重要的是他们能提供许多有价值的信息,如消费心态、竞争对手的信息,甚至能让他们为你打听想知道的信息。但在做法上必须谨慎,并且适可而止,以免对方起戒心,让其觉得反感。

2. 投诉的处理

投诉一般都是因为顾客对所购买的商品或服务质量不满而产生的。但要切记,顾客进行投诉时,一般说明其并没有完全对投诉对象丧失信心,依然持有一旦能妥善解决投诉将继续到你店消费的想法。如果顾客已经完全对你店失去信任，他只需另找一家即可，投诉就完全没意义了。

因此，在投诉发生以后，绝对不能因为惧怕损失或想逃避责任的心态左右而对顾客强词夺理，一味推卸责任。这样既不能有效解决投诉，又会令顾客彻底对你店失去信任，从而最终造成顾客流失。

(1)处理投诉的基本处理原则。顾客投诉时，诚实耐心地听取顾客意见，积极消除顾客的误会或因为缺乏专业知识而产生的错误是关键。每位美容店员工都必须具备能够迅速化解顾客不满、避免投诉升级的能力和心态。处理投诉的基本处理原则如下：

①无论何种原因，都必须无条件地、诚恳地倾听顾客的投诉，必须尽可能短时间地发现投诉的原因。

②避免让投诉对象(当事人)直接处理投诉或与顾客面对面。

③在顾客面前表现积极处理的姿态和热情。

④迅速向负责人进行汇报。

⑤在更换投诉处理人时，避免向顾客询问相同的问题。

(2)处理投诉时对内部的基本处理原则。迅速恰当地处理投诉只是最基本的要求，但并不能改善经营状况。在处理一宗投诉后能杜绝类似的投诉是最为关键的。因此，必须彻底追查发生投诉的原因，并建立相应的预防机制，同时使投诉的处理方法标准化。

## 二、任务实施

### 1. 准备工作

1) 工位准备

预约汽车美容店面或者校内汽车美容生产性实训基地；做好参观、访谈计划；准备好相机、记录本和笔。

2) 安全防护

按规范穿戴好工作服、劳保鞋、手套等安全防护用品，做好个人安全防护。

### 2. 技术要求与注意事项

(1)进生产车间必须按企业安全规定做好安全防护，遵守安全规章制度；

(2)认真观察，虚心请教，注意礼貌用语；

(3)勿大声喧哗，勿影响企业员工工作观察零件部门工作人员的工作。

**3. 操作步骤**

(1) 到达预约汽车美容店,观察店面所处的位置和周围商住环境;

(2) 在工作人员的指引下进店查看企业建筑布局图,找到安全出口,观察车间布局情况;

(3) 学习企业管理制度和安全规章制度,了解该公司主要经营项目和服务内容;

(4) 收集一张工单,在服务顾问指导下读懂工单;

(5) 观察服务顾问接待客户,跟踪工单;

(6) 跟踪该单的整个服务流程,记录服务流程;

(7) 参观工具房,观察工具房工具的摆放规律;

(8) 访谈客户,了解客户对汽车美容的需求;

(9) 做好观察和访谈记录;

(10) 撰写参观学习报告,给出合理化建议。

## 三、学习拓展

### (一) 某汽车美容店《店面卫生与收纳管理办法》

**1. 目的**

为了塑造店面形象,提高工作效率,保障安全,减少浪费,确保服务品质。

**2. 适用范围**

店面所有区域,包括洗车区、美容区、维护区、商场区、休息区、设备间、卫生间、店面外围场所等。

**3. 职责**

1) 店长

(1) 店面所有区域划分,分配责任人;

(2) 负责督导本规定的实施并检查。

2) 员工

分工负责执行各区域的卫生与收纳管理。

**4. 作业说明**

1) 总体原则

店面所需物品必须定点、定位、定量、标示,并易于取放;店面各个区域、设备、设施必须保持整洁,给人以舒适之感。员工作业中要遵循"三不落地"原则,即维护过程中油、水不能滴到地上,美容非触地工具、维护工具和配件不能随手放地上。区域或设施清扫频率见表15-2。

区域或设施清扫频率  表15-2

| 序号 | 区域或设施 | 清扫频率 | 序号 | 区域或设施 | 清扫频率 |
| --- | --- | --- | --- | --- | --- |
| 1 | 商场地面 | 下班前、随时清扫 | 9 | 美容区地面 | 下班前、作业后 |
| 2 | 商场桌椅 | 下班前、随时清扫 | 10 | 美容区设施 | 每周两次 |
| 3 | 商场货架 | 下班前 | 11 | 库存区 | 每周两次 |
| 4 | 商场设施 | 下班前 | 12 | 卫生间 | 每2h一次 |
| 5 | 洗车区地面 | 下班前、随时清扫 | 13 | 设备间 | 下班前、每周两次 |
| 6 | 洗车区沉沙池 | 下班前 | 14 | 店面废品变卖 | 每周至少一次 |
| 7 | 洗车区玻璃 | 下班前 | 15 | 后勤区 | 下班前、餐后、会后、随时清扫 |
| 8 | 洗车区设施 | 每周两次 | 16 | 店面门口区 | 每周至少一次 |

2)店面区域清扫频率及标准

(1)店面区域清扫频率。

店长要参考《店面卫生分区责任表》按区域进行责任划分,分配责任人并张贴公布。当人员变动后,店长要及时更新。

(2)店面卫生与收纳标准。

店面卫生标准:

墙、地面及设备表面、店面物品上无明显灰尘;5min内必须清理垃圾;玻璃无水渍、污渍;店面内沟缝无残留物;卫生间无明显异味;水池无异物、污渍;桌面无尘、无垃圾。

店面收纳标准:

物品分类归纳摆放,按时处置。

3)检查与纠正

(1)店长、值班店长下班前可按区域"店面卫生检查表"每日自查自评,对缺点事项进行分析并追踪纠正改善。

(2)店面卫生间的检查依《店面卫生间卫生检查表》执行。

(3)总部在巡查走访中检查稽核各店面卫生与收纳管理执行情况,并在下一次的巡查走访中追踪缺点改善事项。

(4)总部对所有店面的物品放置及收纳进行规范,店面原则上不得随意更改。每月至少指导一次。

(二)某汽车美容店《早会作业指导》

1. 早会的内容

开好早会的关键——店面日志。

(1)日志是店面当天的工作计划。

(2)日志是店面日常经营活动的记录,可作为管理决策的基础参考资料。

(3)日志是副店长提高管理素质和技巧的日常练习。

(4)日志是总部和店面之间的沟通渠道。

2. 日志制作——副店长每天关注要点

(1)月度行事历要求事项(每天必查月度行事历)。

(2)制度要点的落实(每天必看制度要点)。

(3)店面形象:

①各种标识物齐整;

②员工形象(衣服、发型等);

③店面卫生与收纳。

(4)员工情绪:

①正、副店长骨干每天召开碰头会;

②及时化解情绪,利用工作空余时间谈心;

③激励优秀员工,提高士气,随时随地、大张旗鼓表彰;

④高峰期互相鼓励、互相提醒。

(5)销售重点:

①新客户的跟踪;

②确定重点客户和重点项目。

(6)服务质量:

①洗车质量随时解决;

②项目质量副店长跟进;

③每天选2名客户交谈,了解顾客对店面的感受。

(7)安全作业：

①移车有人指挥；

②钥匙要保管好。

**3. 早会案例**

表15-3为某早会案例。

早会案例　　　　　　　　　　　　　　　　表15-3

| 类别 | 昨日总体评价 | 昨日案例 | 昨日处理方法 | 今天安排 |
| --- | --- | --- | --- | --- |
| 月度行事历 | | | | |
| 制度落实 | 一般 | 勾兑记录没有做 | 吴××罚1分 | |
| 店面形象 | 一般 | 杨××头发很长,围裙比较脏 | 即刻换上新围裙,并责成其晚上必须理发 | 早会让大家欣赏杨××新形象,并请大家注意 |
| 员工情绪 | 很好 | 张××一天卖出5张年卡,状态很好 | 店面广播表彰 | 全体店员为张××鼓掌 |
| 销售重点 | 很好 | 来了3位新客户 | 李××主动介绍洗车特色 | 春节期间主要关注促销项目 |
| 服务质量 | 一般 | 客户张××投诉等待太久 | 店长亲自表示道歉并赠送小礼物 | 以后接车员要提前通知客户需要等候时间 |
| 安全作业 | 一般 | 李××驾车加速过快,不但不安全,客户也有意见 | 店长当场指出问题,并向客户道歉 | 早会要李××做检讨,并重申安全作业的重要性 |
| 其他 | | | | |

**4. 早会的组织**

(1)早会的标准流程。

列队整理服装、随身工具检查→报数→作业组(副店长)工作总结工作安排→店长总结工作安排→列队喊口号早会结束。

(2)早会注意事项：

①按时召开、控制时长；

②早会时要关闭店面背景音响；

③在指定位置列队召开。

派工单见表15-4。

派工单　　　　　　　　　　　　　　表15-4

| 店名： | 联系方式： | 接车员： | 接车序号： |

| 车主 | 会员 是否 | 里程　　km | 进店时间： | 联系方式： |
|---|---|---|---|---|
| 车牌 | 车型 | 预交时间： | | 等待　电联　自取 |

| 施工车外观 凹陷　刮花 | 序号 | 作业项目 | 金额 | 施工人员 |
|---|---|---|---|---|
| | 1 | 外洗　普洗　精洗 | | |
| | 2 | | | |
| | 3 | | | |
| | 4 | | | |
| | 5 | | | |
| | 6 | | | |

| 顾客确认签字： | 自检 | 复检 | 总检 |
|---|---|---|---|
| 温馨提示：<br>1.车内贵重物品，请自行妥善保管；<br>2.您同意本店以上项目及价格。 | 付款方式 | 现金　微信　支付宝 | 收款员 |
| | 请您对本次服务给予宝贵意见：<br>A：良好　B：一般　C：不满意（原因：　　　　） | | |

注：(1)存根（白单）；(2)客户（红单）。

## 四、评价与反馈

1. 自我评价

(1)通过对本学习任务的学习，你是否已经知道以下问题的答案：

①汽车美容店店址如何选择及店面如何装修？

②店面员工招聘与培训方法主要有哪些？

_____

_____。

③如何进行汽车美容店的顾客管理和投诉处理？

_____

_____。

(2)学习任务完成情况如何？

_____

_____。

(3)通过对本学习任务的学习，你认为自己的知识和能力还有哪些欠缺？

_____

_____。

签名：_____    ____年___月___日

2. 小组评价

小组评价表见表15-5。

小组评价表     表15-5

| 序号 | 评价项目 | 评价情况 |
| --- | --- | --- |
| 1 | 是否按照学习要求完成课前预习 | |
| 2 | 是否在分组讨论过程中积极发言 | |
| 3 | 是否在分组讨论过程中记录笔记 | |
| 4 | 是否遵守学习场地的规章制度 | |
| 5 | 能否保持学习场地整洁 | |
| 6 | 小组团结协作分工情况 | |

参与评价的同学签名：_____    ____年___月___日

3. 教师评价

_____

_____。

签名：_____    ____年___月___日

## 五、技能考核标准

技能考核标准见表15-6。

技能考核标准表　　　　表15-6

| 序号 | 项目 | 操作内容 | 规定分 | 评分标准 | 得分 |
|---|---|---|---|---|---|
| 1 | 安全7S态度 | 1. 遵守安全出行的各项规定；<br>2. 严格遵守企业安全规章制度；<br>3. 着装整齐,言谈举止文明礼貌；<br>4. 具有团队合作意识,团队协作能力强 | 15 | 未完成1项扣5分,扣分不得超过15分 | |
| 2 | 专业技能能力 | 1. 能做好行程规划；<br>2. 有良好的观察能力和学习能力,了解公司经营服务内容和管理制度；<br>3. 了解服务顾问的工作内容；<br>4. 了解零件部门的管理工作内容；<br>5. 了解工具库房的储存原则；<br>6. 能主动与他人沟通,通过观察和访谈了解店面经营管理情况 | 50 | 未完成1项扣10分,扣分不得超过50分 | |
| 3 | 资料及信息的查询能力 | 1. 能快速查阅各类文件、海报等资料,快速获取有效信息；<br>2. 能通过观察和访谈,多途径获取有效信息；<br>3. 能快速整理记录关键信息 | 15 | 未完成1项扣5分,扣分不得超过15分 | |
| 4 | 分析判断能力 | 1. 能正确总结汽车美容店的组织结构关系；<br>2. 能了解汽车美容各部门的工作职责和管理规范；<br>3. 能了解汽车美容店面的服务内容和运营模式；<br>4. 能总结出该店面经营的特色和不足；<br>5. 能给出合理化建议 | 15 | 未完成1项扣5分,扣分不得超过15分 | |

续上表

| 序号 | 项目 | 操作内容 | 规定分 | 评分标准 | 得分 |
|---|---|---|---|---|---|
| 5 | 记录及撰写能力 | 1. 字迹清晰；<br>2. 语句通顺，内容翔实；<br>3. 无错别字 | 5 | 未完成 1 项扣 2 分，扣分不得超过 5 分 | |
| | 总分 | | 100 | | |

## 学习任务 16　汽车美容店面加盟连锁

 学习目标

☆ **知识目标**

1. 了解汽车加盟连锁的起源、发展及优越性；
2. 熟悉汽车美容店加盟连锁品牌选择要领；
3. 熟悉汽车美容加盟连锁的投资回报预算。

☆ **技能目标**

1. 能对汽车美容加盟连锁店进行投资预算；
2. 能预估汽车美容加盟连锁店投资回报。

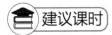 建议课时

2 课时

### 任务描述

近年来，汽车美容加盟店越来越多，选择加盟某一些已经成熟的品牌，跟着已经成型的品牌和文化成长，能够发展得更加茁壮有力，加盟带来的优势也比较明显。

本次学习任务就是了解加盟连锁的起源、发展及优越性，熟悉汽车美容店加盟品牌选择要领，能够对汽车美容加盟连锁店进行投资预算和预估投资回报。

一、理论知识准备

（一）加盟连锁的起源

特许加盟连锁经营于 20 世纪 50 年代起源于美国，20 世纪 60 年代后相继风

靡欧洲、日本、新加坡等国家和地区,特许加盟连锁经营以其特有的魅力在全球制造了一个又一个神话。据国际特许经营协会调查,美国有1/3的商品或服务消费是在特许连锁经营方面。2000年,美国零售业务有8000多亿美金的收入是通过特许连锁经营方面获得的。在我国,特许加盟连锁经营也得到了充分的发展,顾客们通过加盟店慢慢地认同了某种商品或服务的品牌。因此,这类顾客很容易成为回头客,从而使加盟店的利润迅速增长。

### (二)汽车美容加盟连锁的发展

#### 1. 汽车美容店面经营模式

模式可以决定效益,也可决定运营是否顺利。目前汽车美容服务业的入行模式有自创品牌和加盟连锁两种模式,这两种模式各有利弊。

1)自创品牌模式

自创品牌意味着一切都是由创业者作主,在充分享受各方面自由的同时也要承受更大的压力和责任。第一是品牌要由自己创立、宣传和开拓。第二是技术培训、服务培训要亲自动手。第三是店内一切的运营活动,如市场调查、进货、店面装饰设计等琐碎的事务都要靠自己去熟悉。自创品牌对投资者要求比较高,既要具备较高的经营能力,又要熟悉汽车美容装饰的知识和服务技巧。

具体来讲,自创品牌必须具备表16-1所示的要素。

**自创品牌必须具备的要素** 表16-1

| 序号 | 自创品牌必须具备的要素 |
| --- | --- |
| 1 | 一套行之有效的开发客户、拓展市场的营销方案 |
| 2 | 一套完整的、细节化的、程序化的从客户进店到客户离开的接待流程 |
| 3 | 一套规范化的汽车服务行业管理方案、员工管理方案、员工手册 |
| 4 | 一套所有汽车服务项目的施工流程和质量检查监督方案 |
| 5 | 一套员工薪酬和绩效管理方案 |
| 6 | 一套能够深入人心的汽车服务行业经营的理念和文化 |
| 7 | 一套能够把客户流失率降到最低的客户维护方案 |
| 8 | 一套行之有效的员工招聘方案和培训方案 |

## 项目七　汽车运营与加盟

2）加盟连锁模式

加盟连锁是赚钱比较快的模式。因为汽车后市场是一个处于上升期的市场,众多的投资者正准备进入这一行业。目前连锁经营包括直营连锁和特许经营两种形式,具体见表16-2。

两种不同的连锁经营形式　　　　　表16-2

| 经营形式 | 直营连锁 | 特许经营 |
| --- | --- | --- |
| 特点 | 指连锁公司的店铺均由公司总部全资或控股开设,在总部的直接领导下统一经营。总部对店铺实施人、财、物及商流、物流、信息流等方面的统一管理。直营连锁作为大资本运作,具有连锁组织集中管理、分散销售的特点,充分发挥了规模效应 | 指特许者将自己所拥有的商标、商号、产品、专利和专有技术、经营模式等以特许经营合同的形式授予被特许者使用,被特许者按合同规定,在特许者统一的专业模式下从事经营活动,并向特许者支付相应的费用。由于特许企业的存在形式具有连锁经营统一形象、统一管理等基本特征,因此被称为特许连锁 |

3）加盟连锁的两种模式的选择

前面讲到,汽车美容店的投资可以自创品牌开独体店,也可以加盟品牌连锁店。所以,在决定投资汽车美容店之后,还有一个问题一定要考虑,那就是选择哪种经营模式。

(1) 如果要加盟一家汽车美容店,一定要认真考察其服务特色、加盟费用,在品牌、销售、技术、经营、培训、管理、成本控制等各方面有何特色和支持。可从以上各个连锁汽车美容店的官方网站去查阅,也可直接打电话到其总部进行沟通、了解,总之,要货比三家,认真地进行比较,选择最合适自己的模式。

(2) 如果自创品牌则会比较艰辛,不仅要自己懂得如何挑选产品,而且也要自己懂得宣传、营销,自己去摸索一套可行的经营方案。

**2. 汽车美容加盟连锁的优势**

首先,可利用知名品牌的品牌效应使店面档次一步到位。

其次,在连锁机构中可以获得完善的员工培训、通畅的进货渠道、细致的管理体系和清晰的经营思路,这些完善的配套是独立经营完全无法得到的。

最后,也是最重要的,利用连锁机构的独家技术可以使自家的经营特色非常鲜明,做到局域性的经营垄断。

以有限的资金进入连锁机构,并获得其中一样或几样拳头技术,例如眼下时兴的隔音工程或是安装天窗等。这种方式不仅一举摆脱了很多小型汽车服务店低档次经营、低利润回报的劣势,还会由于连锁机构的统筹管理,获得相对高得多的稳定性。连锁经营是全世界的发展趋势,通过连锁发展不但可以快速占有市场,也会因量化而达到降低成本与强化竞争力的目的,形成发展强势。

事实上,同行不同利是普遍存在的情况。无论一个行业的现状是多么充满商机,前景是多么美好。但如果从业者经营不当,管理无方,则依然无法避免经营风险的存在,那么取得预期的利润效果就得不到保证。而选择一个好的连锁机构进行加盟,则在很大程度上可以保证把成本和风险降到最低,从而实现最好的经营效果。美国商务部公布的资料表明,独立开办公司的业主,成功率不到20%,而加入连锁开办的公司成功率高于95%。因此,选择一家有实力、有经验的公司作为"靠山"就成为期盼成功的人最明智的选择。

特许加盟连锁经营实际上是资源有偿共享的一种商业模式,是特许人有偿转让给受让人特定的权利,使受让人有权使用特许人拥有的包括商标、专利、经营方式、技术方法、业务渠道等从事经营活动的一种商业模式。

与独立经营相比,特许经营通过跨地域的大型扩张而实现规模效应,并从规模效应中直接获利,巩固公司整体实力,有利于进一步扩大规模,如此良性循环、连绵不息。

特许方花费多年的时间和金钱建立了成功的经营模式,加盟者可以用很短的时间、很小的代价学习到成功的经营管理经验与知识,让自己少走很多弯路。受许人采用特许方拥有的良好品牌形象和成功的经营经验,降低了经营风险和投资风险。

加盟连锁经营的具体优越性如下:

(1)加入一个成熟的连锁经营网络,可立即从总部获得全方位的支持和帮助,克服资金有限、经验匮乏、知名度低、市场定位难等诸多问题。

(2)对于总公司所拥有的连锁系统、商标、经营技术都可直接利用;总公司可以统筹处理促销、进货乃至会计事务,可以节省加盟者大量的精力,专心于销售工作。

(3)可以承袭连锁系统的商誉,享有集团式广告效应,在同一品牌下受到保护。

(4)开业前,员工培训、技术指导、店址选择等都可以获得总公司的协助;开业后,商品、原材料都由总公司统一订货,可以更低的成本购入。

(5)如果经营过程中市场状况发生突变,可由总公司作为坚强后盾,提供指导与帮助。

(6)总公司对周围的环境随时做市场调查,包括顾客层形态的变化、消费倾向的改变等,使投资者及早采取应对措施。

特许经营飞速发展的强大魅力来源于体系本身的科学性,它有利于联合双方自身的优势,为同一目标而共同奋斗,从而实现最终的双赢。对于拥有一定资本的投资者来说,加入特许经营可以获得系统的指导与帮助,减少自身经验和技术等的不足,降低投资风险,提高投资创业的成功机会。在同等条件下进行创业,加盟特许经营比自己单打独斗成功得益的投资愿望概率要高得多,符合目前中小投资者希望实现低投入有保障且可以长期稳定收入的愿望。

(三)加盟连锁品牌的选择要领

随着社会经济的快速发展和人民生活水平的提升、国家各项创业制度的完善和帮扶激励政策落地,越来越多的年轻人离开职场着手自主创业,而汽车美容市场吸引了很多人,当决定加盟一个汽车美容品牌时一定要慎重选择。

1.加盟品牌的选择

选择品牌对于创业加盟很重要,首先选择的品牌要被大家认知,而且有知名度,当然做汽车美容加盟,专业技能一定要到位,这样自然就会有客源,那么应如何来挑选品牌呢?

1)资料搜集分析

对于投资者而言,仅有激情与梦想是远远不够的,还要练就"火眼金睛"的本领,谨防加盟的种种陷阱。首先了解自己将要加盟的汽车美容品牌,多种渠道地搜集相关的品牌信誉度与该品牌运营公司的信誉度。在品牌加盟网站观看网友的评论,在已加盟该品牌的商家处进行市场调研,都是不错的方法。

2)品牌对比筛选

一些汽车美容加盟品牌虽然在总部当地或者其他个别省(自治区、直辖市)较成功,但如果进入一块新的地域,可能会出现一段"水土不服"时期,投资者应避免选择一些名不见经传的小品牌。专业的汽车美容连锁机构,经过严格训练的专业化队伍,配以标准化的施工流程、专业化的服务,充分显示品牌形象,确保客户安心接受服务。

### 3)总部实地考察

开汽车美容加盟店的朋友还应谨记市场运营有风险,一定要实地调查研究,把加盟商提供的加盟方案与自己的现实情况结合起来,做到拥有自己特色的加盟方式。

另外,需要了解该品牌的宣传力度,了解该品牌的市场走向以及相关产品的报价,做到心中有数,实时关注项目的相关资讯。

汽车美容产品因为其市场运作特性,相对适合品牌加盟代理这种运作模式,借此迅速扩大品牌形象,开拓市场区域,对品牌总店以及加盟者而言属于双赢的运营模式。

### 2. 汽车美容店加盟流程

汽车美容店加盟招商一般都遵循一定的流程。综合汽车美容行业最新咨询,加盟的一般流程见表16-3。

加盟的一般流程　　　　　　　　　　表16-3

| 步骤 | 流程 |
| --- | --- |
| 1 | 通过媒体了解总部及加盟事宜,索取加盟资料 |
| 2 | 以书面或在线方式申请加盟 |
| 3 | 总部参观考察 |
| 4 | 加盟资质认证,签订正式加盟协议,交加盟金 |
| 5 | 总部当地市场实际考察调研,可行性分析评估:根据服务项目进行店面选址 |
| 6 | 总部提供店面装修方案,申请营业执照 |
| 7 | 人员招聘:经营管理培训,销售培训 |
| 8 | 店面装修,展架安装调试 |
| 9 | 总部提供试营业计划 |
| 10 | 广告宣传,正式开业 |

对于加盟店经营者来说,加盟的一般流程中前期阶段非常重要,包括电话咨询、加盟洽谈、协议讨论等。在这些过程中,加盟者除了清楚自己的所处地位、权利和义务,确定是否有巨大商机外,还必须明确特许店的以下方面。

(1)是否有政策优势。

(2)服务项目怎样,是否有"新、特、齐、高"等品质特色。

(3)技术力量是否雄厚。

（4）是否有投资、供货优势。

（5）成本效益怎样,是否有效地降低了投资风险。

（6）品牌优势怎样,在业内是否有极高商誉和影响力。

（7）经营管理是否科学。

（8）关于品牌、服务、竞争力、风险等有何承诺。

3. 识别特许加盟陷阱

随着国内有实力的汽车美容加盟连锁品牌日益增多,那些打着加盟连锁旗号,实际以敛财骗钱为目的的"南郭先生"也如雨后春笋般地出现,许多急于求成、盲目轻信的投资者都成了受害者。因此,在选择汽车美容加盟连锁的品牌时必须谨慎。其实,那些"伪劣"汽车美容加盟连锁品牌都或多或少会露出马脚,只要投资者足够细心,就很容易在事前洞识骗局。

（1）汽车美容加盟连锁品牌历史短、资金实力弱或不明确。真正实力雄厚的加盟品牌必然有着深厚历史文化底蕴,而雄厚的资金更是必不可少。总部至少成立一段时间之后,各项工作、运营模式才能建立。如果还在试验期,将不成熟的加盟模式推出,倒霉的一定是加盟者,若一切尚未文字化、标准化、系统化,则无法将所有技巧、精华、经验传承给加盟者。如果总部本身管理机制尚不健全,则没有能力支持加盟者,更不必谈控制力和推动力。

（2）"来者不拒"者一定有诈。一个重声誉的汽车美容加盟连锁品牌不会饥不择食地选择加盟者,相反他们会极其谨慎地选择条件适合的加盟者,从而达到推动品牌发展的目的,如果加盟过程中不对加盟者进行审核或审核只是一种形式,那么其中多数有诈。

如果特许人心理不佳或心存不良,一心只是想赚钱,不管加盟店成败,只是把加盟当作是一种工具或手段,若表现出"来者不拒",没有明确的资格标准,没有商圈评估报告,没有投资报酬分析,没有书面记录,不必参加教育培训,那么,须十分注意,这是非常典型的加盟陷阱!

（3）不要过于相信招商广告。所有汽车美容加盟连锁品牌都有大量宣传自身品牌的宣传资料,投资者应根据这些资料进行现场考察,当发现当中有大量作假或严重夸大的情况时,自然就可以识破骗局。

一般而言,历史悠久、有相当发展基础的特许企业,都有很完善的制度,选择加盟者也很严格,不会随便接受不合格的加盟者。但有不少投机分子,利用投资者对行业情况不了解,往往鼓其如簧之舌,夸大特许经营的利润高、收成大又快,来吸引加盟者,使不少不了解内情的人士掉入陷阱中,损失惨重。在选择特许人时,一定要小心谨慎,千万不要轻信传言及一些不实的招商广告。

(4) 小心发展太快的特许企业。一家特许经营企业如果在成立之初,根基尚未扎稳,便突然膨胀,大肆炒作,四处招商,希望在一时之间建成一个遍布全国的经营网络。加入这样的特许体系,加盟者恐怕是"凶多吉少"。

总之,加盟之前必须充分了解清楚该品牌的实力、能够提供的帮助、企业与产品的知名度、加盟条件与费用等。就算是选好的连锁品牌,在签约时也必须把合同看清楚,了解透彻后方可签字。否则,日后出了问题,又免不了一些无谓的争执。

(四) 汽车美容加盟连锁的投资回报预算

1. 投资预算

以投资国内市场上一家标准的某品牌汽车美容加盟店(某汽车美容连锁加盟店)为例,投资金额为18万元。开店前期用于店面装修、申办执照、购置设备、加盟费等的资金为4.2万元。用于购买汽车美容产品的资金为5万元,具体用于汽车基本美容项目后面会详细分析。因此,投资的18万元除了用于开店投资4.2万元、购买美容产品5万元外,剩余8.8万元为流动资金。一家标准的某品牌汽车美容加盟店开店前期支出见表16-4。

某品牌汽车美容加盟店开店前期支出　　　　表16-4

| 投资项目 | 投资费用(万元) | 投资项目 | 投资费用(万元) |
| --- | --- | --- | --- |
| 专用设备 | 0.6 | 办公设备 | 0.2 |
| 申办执照 | 0.5 | 门面装修 | 1.0 |
| 其他费用 | 0.4 | 加盟费用 | 1.5 |
| 各项合计 | 4.2 | | |

某品牌总部除了会免费帮助加盟店培训员工外,也会赠送加盟店一些美容设备,价值约为1.2万元,详细清单见表16-5。

某品牌汽车美容加盟店赠送设备清单　　　　表16-5

| 序号 | 美容设备名称 | 数量(台) |
| --- | --- | --- |
| 1 | 多功能高压清洗机 | 1 |
| 2 | 调速抛光机 | 3 |

续上表

| 序号 | 美容设备名称 | 数量(台) |
|---|---|---|
| 3 | 多用吸尘器 | 1 |
| 4 | 泡沫机 | 1 |
| 5 | 抛光专用粘盘 | 8 |
| 6 | 抛光专用海绵蜡头 | 9 |
| 7 | 波浪式海绵轮 | 9 |
| 8 | 空气压缩机 | 1 |
| 9 | 蒸汽杀菌清洗机 | 1 |

如果需要更顺利地开业,加盟者还需要自行购置的汽车美容设备,投入资金大致为0.6万元。详细清单见表16-6。

**加盟者自行购买设备清单**　　　　表16-6

| 设备及护理产品 | 品牌 | 价格(元) |
|---|---|---|
| 强力吸水机 | 进口 | 1500 |
| 地毯脱水机 | 进口 | 1200 |
| 洗车羊毛盘 | 3M | 70~130(10个/袋) |
| 洗车海绵、擦车毛巾 | 3M | 60~130(10个/袋) |
| 麂皮 | 国产 | 18(5块/包) |
| 镀膜抛光机 | 国产 | 160~280 |
| 打蜡机 | 国产 | 160 |
| 抛光球 | 国产 | 55(5个) |
| 吸尘吹干机 | 国产 | 400~800 |
| 合计 |  | 3463~4273 |

**2. 服务项目及产值预算**

一家某品牌标准级别的连锁店,可以在店中开展各种汽车美容业务,包括汽车车身美容漆面护理、汽车内室清洁护理、汽车整车防锈、汽车保险杠轮胎美容护理、汽车发动机外部美容护理五大项内容。其中,汽车车身美容漆面护理的具体项目见表16-7。

汽车车身美容漆面护理的具体项目 表16-7

| 美容项目 | 美容产品 | 适用范围 |
|---|---|---|
| 打蜡 | 上光蜡 | 适用于普通镀面,抗风沙能力强 |
| | 彩色上光蜡 | 适用于普通漆面并能掩盖轻微划痕 |
| | 漆面上光蜡 | 适用于金属漆面及珍珠镀面,去除交通膜,防紫外线、防静电、防酸雨 |
| | 镜面蜡 | 适用于高档车金属及珍珠漆面(含巴西天然棕榈)、防紫外线、防静电、防酸雨,保持时间长久 |
| 抛光 | 一度抛光 | 去除轻微氧化层 |
| | 二度抛光 | 去除深度氧化层 |
| | 三度抛光 | 去除漆面浅划痕、漆雾、橘皮、漆点等特殊物质 |
| | 玻璃抛光 | 去除风窗玻璃及前照灯上氧化层、浅划痕 |
| | 电镀抛光 | 对汽车各种镀铬件去氧化斑,翻新 |
| 封釉 | 封釉剂 | 适用于高档车金属珍珠漆面,使漆面形成硬釉质保护膜,能抵抗强紫外线照射及大风、砂砾的撞击,使漆面亮度保持长久 |
| 新车开蜡 | 开重油蜡 | 主要适用于欧美进口车系列 |
| | 开聚酯蜡 | 主要适用于国产车系列 |
| 除焦油沥青 | 柏油沥青去除剂 | 有效去除漆面各种焦油沥青、飞虫、树脂等 |

汽车内室清洁护理的具体项目见表16-8。

汽车内室清洁护理的具体项目 表16-8

| 美容项目 | 适用范围 |
|---|---|
| 仪表台美容 | 仪表台清洁护理上光,空调出风口的杀菌清洁 |
| 座椅美容 | 清洁柔顺,高温杀菌,还原本色 |
| 顶篷脚垫清洁 | 清洁柔顺,高温杀菌,还原本色 |
| 车门内板美容 | 清洁柔顺,上光,抗老化翻新,高温杀菌 |
| 行李舱美容 | 清洁柔顺,抗老化翻新,高温杀菌 |
| 车内去异味 | 消除内室、行李舱异味源,杀菌,清新空气 |
| 去胶黏物 | 清洗去除皮革、绒毛表面的各种胶黏物、口香糖等杂物 |

汽车整车防锈的具体项目见表16-9。

**汽车整车防锈的具体项目** 表16-9

| 美容项目 | 适用范围 |
| --- | --- |
| 轮毂 | 去除轮毂氧化斑、除锈、防锈、翻新 |
| 底盘 | 除锈、防锈、清洁去污 |
| 底盘装甲 | 对新的或除锈后的底盘进行全面的喷塑胶护理,可长久防锈、防撞、防腐,还可增强密封度,大幅降低噪声 |
| 车门内框 | 除锈、防锈、润滑 |

汽车保险杠、轮胎美容的具体项目见表16-10。

**汽车保险杠、轮胎美容的具体项目** 表16-10

| 美容项目 | 适用范围 |
| --- | --- |
| 保险杠车裙密封条等 | 清洁、上光、护理、翻新 |
| 轮胎 | 增黑、上光、翻新、抗老化、去除胶酸 |

汽车发动机外部美容的具体项目见表16-11。

**汽车发动机外部美容的具体项目** 表16-11

| 美容项目 | 适用范围 |
| --- | --- |
| 护理清洁 | 去除发动机表面浮尘油污,清洗时不会损害电路或其他管线部件 |
| 除锈防锈翻新 | 去除发动机表面锈渍,喷上防锈漆,使发动机保持长久不生锈 |

如表16-3～表16-11所示,即使是同样的服务项目,也会由于使用材料不同使得耗材成本不同,因此服务收费也会相应不同。例如打蜡,由于用蜡不同、工序不同,收费上相差很大(50～300元不等)。抛光项目的收费也会根据抛光程度及施工难度收取相应的费用(80～420元不等)。

一家标准级别的某品牌加盟店各种美容项目产量及产值见表16-12,产量和产值根据市场环境及加盟店级别为依据。

**各种美容项目的产量及产值** 表16-12

| 服务项目 | 收费标准(元) | 台数 | 年产值(元) |
| --- | --- | --- | --- |
| 香波洗车 | 10 | 140～600 台/月 | 16800～72000 |

续上表

| 服务项目 | 收费标准(元) | 台数 | 年产值(元) |
|---|---|---|---|
| 打蜡(金刚蜡) | 80 | 35台/月 | 33600 |
| 打蜡(水晶蜡) | 120 | 10台/月 | 14400 |
| 内室清洁杀菌 | 230 | 35台/季度 | 32200 |
| 玻璃洁亮、防雾处理 | 40 | 25台/月 | 12000 |
| 玻璃修补 | 250 | 35台/月 | 105000 |
| 飞漆、沥青、油污处理 | 50 | 20台/月 | 12000 |
| 散热器清洗维护 | 50 | 35台/季度 | 7000 |
| 发动机清洗维护 | 150 | 35台/季度 | 21000 |
| 轮圈、轮胎清洁维护 | 50 | 20台/月 | 12000 |
| 新车开蜡 | 300 | 30台/年 | 9000 |
| 漆面普通增艳护理 | 60 | 15台/月 | 10800 |
| 漆面还原抛光处理 | 280 | 35台/半年 | 19600 |
| 镜面纳米封釉 | 660 | 35台/年 | 23100 |
| 贴防爆膜 | 1200(全车) | 25台/季度 | 120000 |
| 汽车美容装饰 | — | — | 128400 |
| 合计 | | | 576900~632100 |

某知名品牌汽车美容连锁店进行各项汽车美容服务所需的材料以及用量、成本核算见表16-13。产品名称为某知名品牌指定汽车美容产品名称。

**材料以及用量、成本核算**　　表16-13

| 服务项目 | 收费(元) | 产品名称 | 量(L)×价格(元/L) | 耗材成本价(元) |
|---|---|---|---|---|
| 香波洗车 | 10 | 汽车专用清洁香波 | 0.008×40.5=0.3 | 0.3 |
| 精致洗车 | 20 | 汽车清洁上蜡香波 | 0.01×45=0.45 | 0.45 |
| 玻璃洁亮维护 | 30 | 玻璃清洁剂 | 0.03×25.6=0.8 | 0.8 |
| 行李舱清洁 | 50 | 丝绒柔顺剂 | 0.1×20.2=2 | 2 |

续上表

| 服务项目 | 收费（元） | 产品名称 | 量(L)×价格（元/L） | 耗材成本价（元） |
|---|---|---|---|---|
| 轮圈洁亮、轮胎增黑维护 | 50 | 沥青去除剂 | 0.01×120=1.2 | 5.7 |
| | | 轮铃清洁剂 | 0.08×42.8=3.4 | |
| | | 轮胎增黑剂 | 0.01×112=1.1 | |
| 蒸气杀菌 | 80 | 丝绒柔顺剂 | 0.2×20.2=4 | 4 |
| 内室清洁维护 | 150 | 丝绒柔顺剂 | 0.4×20.2=8.1 | 10.6 |
| | | 真皮维护剂 | 0.01×125=1.2 | |
| | | 塑胶护理剂 | 0.01×128=1.3 | |
| 发动机翻新美容 | 150 | 汽车发动机清洁剂 | 0.04×98=3.9 | 5.8 |
| | | 轮胎增黑剂 | 0.01×48.2=0.5 | |
| | | 高效防锈剂 | 0.02×71=1.4 | |
| 漆面还原处理 | 280 | 汽车专用清洁香波 | 0.01×40.5=0.4 | 33.2 |
| | | 快速划痕修复剂 | 0.02×158=15.8 | |
| | | 幻彩蜡 | 0.04×237=9.5 | |
| | | 金刚蜡 | 0.04×187.2=7.5 | |
| 新车开蜡增艳维护 | 300 | 汽车专用清洁香波 | 0.01×40.5=0.4 | 32.7 |
| | | 多功能开蜡剂 | 0.20×72=14.5 | |
| | | 幻彩蜡 | 0.04×237=9.5 | |
| | | 皇冠蜡 | 0.04×206=20.6 | |
| 幻彩蜡 | 100 | 汽车专用清洁香波 | 0.01×40.5=0.4 | 19.7 |
| | | 多功能开蜡剂 | 0.02×72=1.5 | |
| | | 沥青去除剂 | 0.01×120=1.2 | |
| | | 幻彩蜡 | 0.1×237=16.6 | |
| 水晶蜡 | 120 | 汽车专用清洁香波 | 0.01×40.5=0.4 | 21.9 |
| | | 多功能开蜡剂 | 0.02×72=1.5 | |
| | | 沥青去除剂 | 0.01×120=1.2 | |
| | | 水晶蜡 | 0.1×188=18.8 | |

续上表

| 服务项目 | 收费（元） | 产品名称 | 量(L)×价格（元/L） | 耗材成本价（元） |
|---|---|---|---|---|
| 皇冠蜡 | 150 | 汽车专用清洁香波 | 0.01×40.5=0.4 | 23.7 |
| | | 多功能开蜡剂 | 0.02×72=1.5 | |
| | | 沥青去除剂 | 0.01×120=1.2 | |
| | | 皇冠蜡 | 0.1×206=20.6 | |
| 金刚蜡 | 80 | 汽车专用清洁香波 | 0.01×40.5=0.4 | 21.8 |
| | | 多功能开蜡剂 | 0.02×72=1.5 | |
| | | 沥青去除剂 | 0.01×120=1.2 | |
| | | 金刚蜡 | 0.1×187.2=18.7 | |
| 镜面纳米封釉 | 660 | 汽车专用清洁香波 | 0.01×40.5=0.4 | 38.3 |
| | | 多功能开蜡剂 | 0.02×72=1.5 | |
| | | 沥青去除剂 | 0.01×120=1.2 | |
| | | 镜面釉 | 0.1×352=35.2 | |

由此可见，汽车美容项目的收费和产品成本价（未计水电费、人工费）相差很大，大致上从香波洗车（成本价仅为收费的3%）到新车开蜡（使用材料金刚蜡成本价为收费的27.25%）不等，计上水电费、人工费等，汽车美容的成本消耗为50%～70%，其利润一般可达30%以上。

3.汽车美容店的投资回报分析

投资回收方面，据估算，在店面运作良好的前提下，以投入20万元为例，假定每月毛利润3万元，扣除运营成本及其他费用，大概1年可以收回全部投资。当然，盈利状况和经营水平的高低有很大关系，有些店建成三四年都处于入不敷出的状况，而经营出色的汽车美容店，除了能快速回收投资外，利润率更可高达60%～70%。

从表16-14所反映的汽车美容护理收益情况来看，其中洗车利润约占25%，汽车用品约占20%，而在汽车美容装饰这一方面的利润更是可观。例如加装音响这一块，一般加装音响价格在5000～100000元不等，音响的规格越高档，利润空间越大，一般来说都达到50%甚至更高的利润。防盗锁、倒车雷达等加装，利润一般都在40%~70%之间。

**汽车美容装饰投资回报** 表16-14

| 服务项目 | 月服务量（辆） | 单车成本（元） | 参考收费（元） | 月收入（元） | 月耗材（元） |
|---|---|---|---|---|---|
| 汽车防盗器安装 | 3 | 160 | 400 | 1200 | 480 |
| 汽车防盗、中控安装 | 3 | 220 | 550 | 1650 | 660 |
| 安装倒车雷达 | 2 | 380 | 650 | 1300 | 760 |
| 铺地胶 | 5 | 50 | 130 | 650 | 250 |
| 真皮座椅(与厂家合作) | 2 | 1500 | 2500 | 5000 | 3000 |
| 布艺座套(与厂家合作) | 5 | 70 | 180 | 900 | 350 |

从投资回报角度考虑,如果只经营洗车项目,盈利的情况并不理想。如果加盟连锁经营,定位为综合型的汽车美容装饰店(汽车清洁维护加装饰),将大幅缩短投资回收的时间。

根据表16-14可以得出一年内用于装饰耗材的资金为5500×12=66000元,一年内装饰项目的总收入为10700×12=128400元,一年纯收入为128400-66000=62400元。

一家经营状况良好的标准级别的某知名品牌汽车美容连锁经营店一年中在职员工资、店面租金、美容产品耗材、美容装饰耗材以及水电费、税收、设备折旧等各方面的支出总额见表16-15。

**开店支出** 表16-15

| 服务项目 | 月耗材(元) |
|---|---|
| 财会 | 1人×800元/(人×月)×12月=9600 |
| 美容技术人员 | 2人×1000元/(人×月)×12月=24000 |
| 美容技师 | 2人×1000元/(人×月)×12月=24000 |
| 装潢技师 | 1人×1000元/(人×月)×12月=12000 |
| 接待员 | 2人×800元/(人×月)×12月=19200 |
| 经理(企业家收入) | 1人1500元/(人×月)×12月=18000 |
| 店面租金 | 150平方米×30元/(月/m$^2$)×12月=54000 |

续上表

| 服务项目 | 月耗材(元) |
|---|---|
| 产品消耗(美容产品) | 1300元/(人×月)×12月=15600 |
| 贴膜耗材(平均价格) | 4800元/月卷×20卷=96000 |
| 美容装饰耗材 | 5500元/(人×月)×12月=66000 |
| 水电费 | 1200元/(人×月)×12月=14400 |
| 工商税收 | 2000元/(人×月)×12月=24000 |
| 通信费 | 300元/(人×月)×12月=3600 |
| 设备折旧 | 300元/(人×月)×12月=3600 |
| 投资利息 | 180000元×4%=7200 |
| 其他开支 | 1000元/(人×月)×12月=12000 |
| 合计总支出 | 403200 |

说明：

(1)按总投资额为18万元计。

(2)在成本支出中已包含了加盟商自行管理的工资支出、投资资金的利息成本，并以依法纳税、正当经营为前提。

(3)以上分析尚不包括其他经营项目如发动机"三清"、底盘装甲、免拆维护等项目的收入。

(4)加盟店可以推出各种美容项目组合的护理卡，为车主提供一定的优惠，以此来吸引更多的回头客户，例如"真情回馈卡"就是常见的一种，如图16-1所示。

真情回馈卡：800元/年

- 全年免费洗车
- 每季可获全车打蜡(3M水晶蜡)，全年4次
- 每月可获赠全车消毒一次
- 每半年免费镜面护理1次
- 其他服务项目8折优惠
- 送年审

图16-1　真情回馈卡

可见,投资18万元加入某知名品牌汽车美容连锁店的第一期投资为5+4.2=9.2万元,余下的8.8万元用于增加购买汽车护理产品、发放职员工资、资金周转等。

年最低可获利:446450-403200=43250元;月最低可获利:43250/12=3604元。年最高可获利:501650-403200=98450元;月最高可获利:98450/12=8204元。综上所述,在正常管理的情况下,一般开业前3个月是发展客户和逐渐稳定客户的阶段,3~6个月为稳定期,6个月后可进入盈利期,但是由于地理区域、经济环境和消费群体的不同,各店的经营状况和盈利也会有所不同。一般标准级别的加盟店每月的利润平均可以达到5000~6000元,保守估计,2年半到3年半即可收回投资。

## 二、任务实施

1. 准备工作

查询计算机、网络、技术手册、笔记本、工作手册、参考文献等资料。

2. 技术要求与注意事项

(1) 了解汽车加盟连锁的优越性;

(2) 充分调研,了解市场需求;

(3) 熟悉汽车美容店加盟连锁品牌选择要领;

(4) 熟悉汽车美容加盟连锁的投资回报预算。

3. 操作步骤

(1) 准备好查询工具和资料;

(2) 通过互联网查询汽车美容企业网站,了解当前汽车美容行业有哪些汽车美容加盟连锁品牌;

(3) 了解各大汽车美容加盟连锁品牌的经营模式和服务内容,了解加盟流程,并进行比较分析,归纳出加盟连锁品牌的优缺点;

(4) 制定市场调查问卷;

(5) 市场调查、访谈客户,了解市场需求;

(6) 分析调查结果,撰写市场需求报告;

(7) 针对市场需求,确定经营范围,选择加盟连锁品牌;

(8) 方案设计和投资预算,预估汽车美容加盟连锁店投资回报率;

(9) 总结,形成报告,并进行PPT汇报;

(10)优化方案。

## 三、学习拓展

### (一)汽车美容加盟连锁经营品牌

1. 途虎养车

途虎养车隶属于上海阑途信息技术有限公司,2011年成立于上海,主营轮胎、机油、汽车维护、汽车美容等产品和服务,为客户提供线上预约+线下安装的维护方式。在线上,客户可通过网站、电话、微信、App(应用程序)、各大电商平台等渠道购买途虎的商品与服务。在线下,途虎养车拥有13000多家合作安装门店,服务能力覆盖31个省(自治区、直辖市)的405个城市。用户可以在途虎养车官网、App、电话、微信平台上享受专业的365天×16h的售前售后服务。

2. 驰加Tyreplus

驰加Tyreplus品牌成立于2002年,它是米其林集团在全球推出的较具影响力汽车售后服务品牌,主营轮胎及相关服务、维护与快修以及洗车美容服务。驰加是米其林集团于2002年在全球推出的汽车售后服务品牌。在中国,驰加建立了在商务部正式备案的特许经营网络驰加汽车服务网络。驰加店数已逾1500家,遍布全国的主要城市。

驰加目前已成为较具行业影响力的汽车售后服务品牌之一,得到市场的广泛认可。轮胎及相关服务、维护与快修以及洗车美容是驰加的主要服务项目。驰加与嘉实多、壳牌、霄佛龙、博世、SK、力魔、力派尔、正新等世界知名零配件厂商进行了多层次的合作,为顾客提供值得信赖的产品。

为了保证全国消费者享有统一的高标准服务,米其林对驰加的硬件设备、技术水平、服务流程有严格而一致的要求。店内每位技师都接受了丰富的岗位培训,以保证服务质量。驰加还拥有友善开朗的员工团队、漂亮舒适的店内空间,并营造透明清晰的服务体验,让每一个环节都合理规范,对顾客和爱车律呵护有加。

"驰"为车马疾行,"加"为给予平安。驰加品牌将成熟的现代汽车维护模式引入中国,致力于让每一位顾客的爱车都能开得更持久。通过个性化的维护服务,在顾客走进驰加之前、期间和之后都能得到呵护及支持。一个真正贴心周到、值得信赖且专业快捷的多方位汽车养护服务品牌——驰加,已成为中国汽车售后服务行业的新坐标。

作为轮胎及汽车服务专家,驰加助力车主安心出行,一路无忧。懂车,为你。

3. 车工坊

上汽通用汽车旗下专业汽车服务品牌,为车主提供全品牌、全方位汽车维护服务,包括爱车检测、快修快保、汽车美容、钣金喷漆等核心业务。

车工坊是上汽通用汽车旗下专业汽车服务品牌。作为您身边的养车好邻居,车工坊的门店服务网络覆盖全国270座城市1000余家门店,以匠人之心为车主提供全品牌、全方位汽车维护服务,包括爱车检测、快修快保、汽车美容、钣金喷漆等核心业务。

品牌定位:专业汽车服务品牌,立足出行服务,构建智慧生活平台,链接人和乐趣,为客户提供美好生活体验。

4. 天猫养车

天猫养车作为阿里巴巴旗下智慧维护连锁品牌,始终引领科技进步的趋势,通过全面应用智慧系统,为所有车主提供更精准更透明的智慧维护方案!天猫养车掌握国内98%主流车型精准维护方案,拥有上亿级底层数据,可针对不同车型车况提供更精准的维护、清洗、美容等一站式维护服务。目前天猫养车店全国已经超过1800家,已有千万辆车享受智慧维护服务。

5. 车享家

车享家是上汽集团旗下专业汽车服务平台,主要面向车主提供涵盖汽车维护、汽车美容等常规维护服务及汽车钣喷、小修轮毂改装等服务、租赁及二手车等一站式汽车生活服务。

车享(上海赛可电子商务有限公司),是上海汽车集团股份有限公司打造的中国汽车市场全生命周期O2O电子商务平台,自2014年上线至今,秉持"车生活心享受"的品牌主张,结合高效线上运营和优质线下服务,全方位打通汽车"看、选、买、用、卖"O2O,一站式提供汽车全生命周期价值服务。现旗下已拥有车享网、车享家、车享家App等多个业务承接平台,以及车享新车、车享二手车、车享汇、车享付、车享配等多个业务类型,成功打造了汽车电商行业独树一帜的车享模式。

车享家,源自上汽e站到家。车享家是车享旗下连锁实体服务网络,承接车享平台的互联网业务和品牌势能。车享家集成汽车全生命周期产业资源,构建一体化、专业化、品牌化、社区化的服务能力,为广大用户提供专业、可信赖的维护、租赁及二手车等一站式汽车生活服务。车享家,源自上汽 e 站到家。

车享家 App 是由车享开发的平台级 App,并以此作为车享旗下基于移动端的业务承接平台。车享家 App 开通多项与车有关的实用功能,聚焦车主汽车生活的方方面面,实现车享平台所有汽车服务的触手可及。

6. 京东养车

京东养车是京东旗下专业汽车维护连锁门店,成立于 2018 年,是京东旗下专业的汽车维护服务门店,车主可通过线上下单、线下安装的方式,享受专业的一站式维护服务。

秉承"放心养车来京东"的服务理念,严格把控服务质量,全面提升线上产品功能,意在为用户提供更专业、更省心更便捷的汽车维护、美容、检修、救援等服务。

截至 2022 年 7 月,京东养车拥有超 1000 家线下门店,覆盖全国 163 个城市,服务线上用户超千万。严格把控商品质量的同时结合京东物流速度,完成高效配送。车主可通过线上下单、线下安装的方式,享受专业的一站式维护服务。

(二)途虎加盟条件与利润

1. 加盟条件

(1)根据加盟要求,办理有独立的公司主体,并且资质齐全。

(2)必须有合适的加盟场地,自有或者租赁,并且土地性质必须为商业用地或者工业用地,不可以为农业用地或者宅基地。

(3)加盟门店的面积要大于或等于 $300m^2$,地理位置临街的优先,并且需要统一招牌面积大于或等于 $8 \times 1.2m$。

(4)基本工位至少要满足 4 个机修工位、1 个洗车工位、1 个美容工位,并且有独立的客休区和卫生间。

2. 加盟费

据途虎养车加盟网站的商务政策显示,一家面积大于 $800m^2$ 的工厂店加盟费为 40 万元;而小于 $800m^2$ 的为 20 万元,并且还要支付 10 万元的保证金、10% 的利润分成以及每月 8000 元的管理费。

3. 利润

据了解,途虎养车 App 免费带来的客流量比较大,目前有 3000 多万人,并且每天在平台下单的数量也比较庞大。有些经营得比较好,并且时间比较长的加盟店,每个月的毛利润可以达到 17 万~20 万元,有些甚至能达到 30 万元。但具体能盈利多少,就要看实际经营情况了。

## 四、评价与反馈

1. 自我评价

(1)通过对本学习任务的学习,你是否已经知道以下问题的答案:

①汽车美容加盟连锁的产生与发展状况?

_____。

②加盟连锁品牌的选择要领有哪些?

_____。

③汽车美容加盟连锁的投资回报预算如何计算?

_____。

(2)学习任务完成情况如何?

_____。

(3)通过对本学习任务的学习,你认为自己的知识和能力还有哪些欠缺?

_____。

签名:_____ _____年___月___日

2. 小组评价

小组评价表见表 16-16。

小组评价表　　　　　　　　　　表 16-16

| 序号 | 评价项目 | 评价情况 |
| --- | --- | --- |
| 1 | 是否按照学习要求完成课前预习 | |
| 2 | 是否在分组讨论过程中积极发言 | |
| 3 | 是否在分组讨论过程中记录笔记 | |
| 4 | 是否遵守学习场地的规章制度 | |

续上表

| 序号 | 评价项目 | 评价情况 |
|---|---|---|
| 5 | 能否保持学习场地整洁 | |
| 6 | 小组团结协作分工情况 | |

　　参与评价的同学签名：_____　　____年___月___日

3．教师评价

_____

_____。

　　　　　　签名：_____　　____年___月___日

### 五、技能考核标准

技能考核标准见表16-17。

技能考核标准表　　　　表16-17

| 序号 | 项目 | 操作内容 | 规定分 | 评分标准 | 得分 |
|---|---|---|---|---|---|
| 1 | 安全 7S 态度 | 1.遵守安全出行的规定；<br>2.团队既有分工又有团结合作；<br>3.言谈举止文明礼貌 | 15 | 未完成1项扣5分,扣分不得超过15分 | |
| 2 | 专业技能能力 | 1.具有市场调研能力；<br>2.具有良好的与人沟通能力；<br>3.具有良好的整理调查问卷的能力,能作出正确的分析和预测；<br>4.了解加盟连锁的优越性,熟悉汽车美容店加盟连锁品牌选择要领；<br>5.熟悉汽车美容加盟连锁的投资回报预算 | 50 | 未完成1项扣10分,扣分不得超过50分 | |
| 3 | 资料及信息的查询能力 | 1.能通过查阅各类参考文献,快速获取所需信息；<br>2.能利用互联网快速查询信息；<br>3.能快速正确记录有用信息；<br>4.能根据收集到的信息,制作汇报PPT | 15 | 未完成1项扣5分,扣分不得超过15分 | |

续上表

| 序号 | 项目 | 操作内容 | 规定分 | 评分标准 | 得分 |
|---|---|---|---|---|---|
| 4 | 分析判断能力 | 1. 根据调查研究,设计店面建设方案;<br>2. 能够对汽车美容加盟连锁店进行投资预算;<br>3. 能够预估汽车美容加盟连锁店投资回报率;<br>4. 经过研讨,优化设计方案 | 15 | 未完成1项扣5分,扣分不得超过15分 | |
| 5 | 记录及撰写能力 | 1. 字迹清晰;<br>2. 语句通顺,内容翔实;<br>3. 无错别字;<br>4. 文本格式正确 | 5 | 未完成1项扣2分,扣分不得超过5分 | |
| | | 总分 | 100 | | |

# 参 考 文 献

[1] 王靖. 如何开家汽车美容店[M]. 2版. 北京:化学工业出版社,2018.
[2] 王飞,刘伟超. 汽车美容[M]. 北京:中国劳动社会保障出版社,2006.
[3] 李远军. 汽车涂装技术[M]. 北京:北京理工大学出版社,2020.
[4] 武剑. 汽车美容与装饰理实一体化彩色教程[M]. 北京:机械工业出版社,2019.